나는 통일이 좋아요

펴낸날 초판 1쇄 2010년 6월 25일 | 개정판 5쇄 2023년 3월 31일
글쓴이 정혁 | 그린이 시은경
펴낸이 서명지 | 개발책임 조재은 | 편집 홍연숙, 한재준 | 디자인 남미송
마케팅책임 이경준 | 제작 이현애
펴낸곳 ㈜키즈스콜레 | 출판신고 제2022-000036호
주소 서울특별시 서초구 방배천로 91 9층
주문 전화 02)829-1825 | 주문 팩스 070)4170-4316 | 내용 문의 070)8209-6140

ⓒ 정혁·시은경, 2010
ISBN 979-11-6994-115-0   값 11,000원

이 책은 저작권법에 따라 보호받는 저작물이므로, 이 책에 실린 내용의 무단 전재와 무단 복제를 금합니다.

• 잘못 만들어진 책은 구입한 곳에서 바꾸어 드립니다.
• 오늘책은 ㈜키즈스콜레의 단행본 브랜드입니다.

나는 통일이 좋아요

글 정혁 그림 시은경

오늘책

추천의 글

 온전히 스스로의 힘으로 해방을 이루지 못하여 나라가 분단된 지 반세기가 훨씬 지났습니다. 이제는 남쪽에 살고 있는 사람 90% 이상이 분단된 이후에 태어난 사람들이라 온몸과 마음으로 분단의 아픔을 느끼기가 쉽지 않을 것이라고 생각합니다.

 하지만 '우리나라에서 통일이야말로 모두가 행복해지는 길'이라는 말에 대해 반대할 사람은 별로 없을 것입니다. 지구상에 유일한 분단 국가로 남아 있는 우리는 계속 '긴장'과 '대립'이라는 불안한 상태에 있으니까요. 행복해지는 길이 있다면 그 길로 모두 함께 나아가야 하겠지요. 그리고 왜 그 길로 가면 행복하게 되는지, 어떤 방법으로 어떤 노력을 해야 그 길로 갈 수 있는지, 가는 길에 어떤 어려움이 있는지, 그 어려움을 어떻게 극복하면 되는지도 알아야 합니다.

 통일 문제는 최소한 일제의 식민 지배로부터 해방된 이후의 우리나라 역사를 어느 정도 알아야 이해할 수 있습니다. 이 책은 초등학생이 보기에 편하도록 해방 후 우리나라의 역사 상황을 잘 담고 있습니다. 또한 통일 문제에 대해 감정에 치우치지 않고, 역사적 사실들을 통해 객관적으로 살펴보고 있습니다.

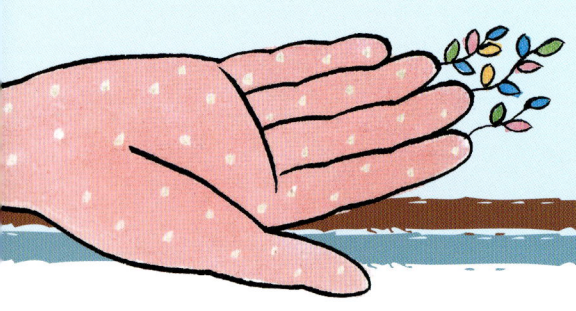

　지금까지 통일이나 우리나라의 근현대사에 별로 관심이 없던 어린이들이라 할지라도 이 책을 차근차근 읽어 본다면 우리의 역사와 분단, 그리고 통일에 대해 잘 알게 될 것이며, 우리나라 상황에 대해 생각하는 계기가 될 것입니다.

　어떤 일에 애정을 갖게 되면 더 많은 것을 알고 싶게 되고, 알게 되면 그 일에 관련된 문제들에 대해 생각하고 행동하게 될 것입니다. 어린이들뿐만 아니라 어른들과 학교에 몸 담고 있는 선생님들도 함께 우리 아이들이 어떻게 하면 통일 문제에 대해 애정을 갖도록 할 것인가, 어떻게 하면 통일을 위한 길에 함께 나서게 할 것인가에 대해 생각했으면 합니다.

전국사회교사모임

추천의 글

　이 책은 평화 운동을 실천하고 있는 지은이가 어린이들의 눈높이에서 우리나라의 근현대사를 설명하고 통일 문제를 어떻게 바라보아야 하는지 제시해 주는 훌륭한 안내서입니다. 단순히 민족의 이익이 우선이라는 시각을 넘어서, 화해와 상생 그리고 평화라는 보편적인 관점에서 어린이들에게 분단의 원인과 역사적인 사건들, 그리고 미래에 대한 희망의 메시지를 전해 주고 있습니다.

　책에 설명된 역사적 사실들을 읽고, 생생하고 다양한 사진 자료들을 살펴보다 보면 여러분은 과거를 현재로 불러내어 스스로 좀 더 생각할 수 있는 기회를 가지게 될 것입니다. 또한 이 책은 우리 민족이 어떻게 분단이라는 상황을 주체적으로 극복하려고 노력했는지 역사적인 흐름과 지금까지의 소중한 결실들을 보여 주고 있습니다. 그리고 독일, 베트남, 예멘 등 통일에 성공한 사례들과 한반도의 통일을 둘러싼 이웃 국가들의 태도를 살펴봄으로써 세계적인 시각으로 우리의 문제를 바라볼 수 있도록 하고 있습니다.

　책을 읽으면서 전쟁과 분단이 얼마나 우리에게 무거운 짐인지, 그리고 통일을 위해 얼마나 많은 사람들의 노력이 있어 왔는지 다시 한 번 떠올릴 수 있었습니다. 어린이 여러분에게도 이 책이 평화로운 통일을 위해 무엇을 어떻게 해야 할지 생각하게 하는 길잡이 역할을 해 줄 것입니다.

비폭력평화물결 대표 **박성용**

추천의 글

　오래전 우리 민족은 다른 나라에 의해서 둘로 갈라지게 되었고, 그로 인해 수많은 아픔을 겪어 왔습니다. 우리는 이제 하나가 되어야 합니다. 세계에서 유일한 분단 국가로 불안한 상태에 있는 남한과 북한. 하지만 우리가 하나가 되면 더 강해지고 부유해질 것이며, 평화로워질 것입니다. 누구보다 우리 어린이들이 통일에 앞장설 수 있으면 좋겠습니다. 앞으로의 시대는 어린이 여러분들이 주인공이니까요.

　통일 문제에 앞장서기 위해서는 먼저 우리의 역사와 분단의 아픔, 통일에 대해 잘 알아야 하겠지요. 이 책은 이렇게 우리가 알아야 하고 또 생각해야 할 우리의 역사와 통일 문제를 잘 설명해 주고 있습니다. 또한 우리에게 통일에 대한 희망을 품게 하는 책입니다. 특히 이 책의 지은이인 정혁 선생님은 대학 시절부터 통일 문제에 대해 진지하게 고민하고, 이와 관련된 다양한 활동을 해 온 분이지요.

　어린이들뿐만 아니라 어른들에게도 우리 민족의 미래에 대해 생각하고 고민해 볼 수 있는 책으로 추천하고 싶습니다.

연세대학교 명예 교수, 한국기독교교회협의회 통일위원 **노정선**

차례

제1장 통일, 모두가 행복해지는 길이에요

분단된 나라에서 살고 있어요 12
통일을 하면 무엇이 좋아질까요? 14
평화롭고 행복한 사회 18

제2장 통일이 어려워요

남과 북으로 왜 나뉘었나요? 22
'6·25 전쟁'이라는 국제전 26
두터워지는 분단의 벽 30
위기의 순간들 31

제3장 통일을 위한 많은 노력들

남북한이 합의한 소중한 약속들 36
평화를 만드는 남북한 경제 협력 38
통일을 위해 땀 흘린 사람들 42
평화로 힘차게 도약하는 남과 북 44

제4장 통일, 어떻게 할 수 있을까요?

통일을 이룬 나라들의 교훈 50
남한과 북한의 통일 방안은 어떻게 다를까요? 54
주변 국가들은 우리의 통일을 어떻게 보고 있나요? 56

제5장 통일, 어떻게 준비해야 할까요?

전쟁 없는 한반도를 만들어요 60
북한의 경제 발전을 도와줘요 62
더불어 살아가는 연습이 필요해요 64

제6장 통일된 우리나라를 상상해요

통일이 되면 어떤 일이 생길지 상상해 보요! 70
게임으로 배우는 통일 74

부록 찾아보기 78
참고 자료 81
사진 자료 제공 82

들어가는 글

〈나는 통일이 좋아요〉가 세상에 나온 지 9년 만에 개정판을 내게 되었습니다. 제목과는 달리 결코 쉽지 않은 내용을 담고 있기에, 처음 책을 낼 때는 이처럼 꾸준히 독자들의 호응을 얻을 줄 예상하지 못했습니다. 어린이 독자들에게 감사의 인사를 전합니다. 어릴 적 이 책을 읽어 본 친구들이 이제 청년 세대가 되어 우리 사회 여론의 한 축을 형성하고 있을 생각을 하니 저자로서 뿌듯함을 느낍니다. 하지만 다른 한편으로는 책을 통해 제시한 희망적인 미래가 별로 현실화되지 못했다는 점이 매우 아쉽습니다. 지난 10년간 남북 관계는 많은 우여곡절을 겪었습니다. 불과 몇 년 전만 하더라도 한반도에는 전쟁 위기설이 감돌기도 했지요. 다행히 작년과 올해에만 세 차례나 열린 남북 정상 회담과 그에 이은 최초의 북미 정상 회담 등으로 인해 군사적 긴장이 크게 잦아들고 평화와 통일의 분위기가 다시 회복되고 있습니다.

또 하나 안타까운 사실은 최근 여론 조사에서도 드러나듯이 젊은 세대들에게 통일이 예전만큼 관심 있는 주제가 아니라는 점입니다. 이해가 될 법도 합니다. 변하지 않을 것만 같은 북한의 폐쇄적인 정치 체제, 반복되는 군사적 충돌, 통일이 되었을 때 예상되는 경제적 부담 등 통일과 관련된 문제들은 어느 하나 쉬워 보이지 않습니다. 과거에는 통일을 지상 과제로 여기도록 강조했던 시절이 있었습니다. 이제는 더 이상 그럴 수도 없을뿐더러 바람직한 접근법도 아니라고 생각합니다. 이 책의 제목과 같이 통일은 '좋은 것'이지, 그 자체로서 절대 선이나 목적이 될 순 없습니다. 목적으로 추구할 것은 평화이며 통일은 남과 북이 평화를

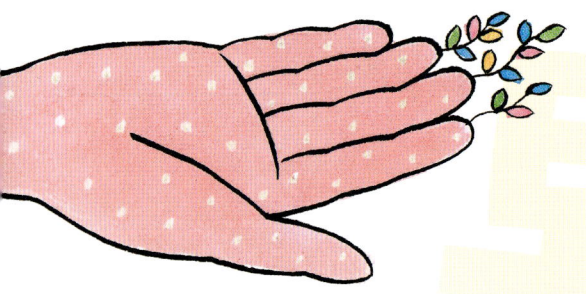

만들어 가는 과정에서 자연스럽게 따라오는 결과가 되어야 합니다. 그럼에도 불구하고 통일을 '되면 좋고 안 되면 그만'이라는 식으로 접근해서도 안 되겠습니다. 한반도에 터를 잡고 사는 이상 분단과 전쟁 상태가 가져다 주는 고통은 생각보다 큽니다. 오랜 시간 익숙해져서 잘 느껴지지 않지만, 우리 삶의 여러 분야에서 분단이라는 구조적 폭력이 가져오는 제약은 매우 많습니다. 바로 이러한 이유에서 통일이 실제로 우리에게 '좋은 미래'가 될 수 있도록 일상 속에서 고민해 보고, 함께 토론하며, 대안을 모색해 보는 것은 매우 의미 있는 일일 것입니다. 이 책이 여러분들의 그런 작은 실천들에 도움이 되었으면 좋겠습니다.

이 책은 주제별로 나뉘어 있지만, 즉흥적으로 어느 페이지를 펴더라도 자연스럽게 읽어 나갈 수 있도록 일종의 백과사전과 같은 방식으로 구성되어 있습니다. 이런 큰 틀은 유지하되, 이번 개정판에서는 세부적인 내용을 추가하거나 수정이 필요한 부분을 바로잡았습니다. 또한, 지난 9년간의 변화를 가감 없이 반영하려 노력했습니다. 최근 들어 회복된 남북 관계의 긍정적인 변화들뿐만 아니라 남북 관계를 악화시켰던 불행한 사건들에 대해서도 있는 그대로 서술했습니다.

개정판이 나올 수 있도록 노력해 주신 분들께 감사드립니다. 대교의 최민정, 한재준 선생님, 자료를 함께 검토해 준 아내 유진선, 그리고 남북한 언어 비교 부분에 조언을 준 후배 박철준에게 감사의 마음을 보냅니다.

글쓴이 정 혁

제1장

통일,
모두가 행복해지는 길이에요

분단된 나라에서 살고 있어요

우리나라는 세계에서 하나밖에 없는 '분단 국가'입니다. 같은 민족이지만 남과 북으로 갈라져 살고 있지요. 그 기간이 70년을 훌쩍 넘어섰어요. 그동안 남한과 북한은 헤아릴 수 없는 고통과 비용을 감당해야 했습니다.

1994년, 한반도는 전쟁의 위기를 맞았습니다. 당시 미국은 북한의 핵 시설을 폭격하기 위한 구체적인 계획을 세운 것으로 뒤늦게 밝혀졌습니다. 사진은 1990년대 미국의 전투기입니다.

아직은 전쟁 상태

남한과 북한은 엄밀하게 따져서 전쟁 상태에 있습니다. 물론 휴전 협정을 맺었지요. 하지만 '휴전'이란 말 그대로 '전쟁을 잠시 중단한다'는 거예요. 언제든 전쟁이 다시 시작될 수 있다는 얘기입니다. 전쟁이 다시 일어날 수 있다는 아주 작은 가능성만으로도 우리의 마음은 불안해집니다. 전쟁은 우리가 이룩한 모든 성과들을 하루아침에 잿더미로 만들어 버릴 수 있기 때문이지요.

더구나 우리나라에 투자하는 외국인들의 입장에서 보면 남한과 북한이 '휴전 상태'라는 사실은 큰 위험 요소입니다. 자칫 잘못하면 전쟁으로 인해 투자한 돈을 모두 잃게 될 수 있으니까요. 이렇게 남한과 북한의 분단은 나라 경제에도 나쁜 영향을 주고 있습니다.

돌아오지 않는 사람들

이산가족 중에는 '납북자'도 있습니다. 납북자란 북한에 의해 납치되었거나, 자신의 의사와는 달리 북한에 잡혀 있는 사람들을 말합니다. 남북한 분단 현실이 가져온 또 하나의 가슴 아픈 상처입니다.

하지만 해결하기가 쉽지 않습니다. 납북자의 가족들은 우선 생사만이라도 확인하기를 바라지만, 북한은 납북자의 존재 자체를 인정하지 않고 있기 때문입니다.

또 6·25 전쟁 이후로 납북된 사람들 3천여 명 중 500여 명이 여전히 북한에 있는 것으로 파악되고 있습니다.

만나지 못하는 사람들 - 이산가족

분단과 전쟁은 멀쩡한 가족들을 서로 헤어지게 만들었습니다. '이산가족'이 처음 생겨난 것은 일본 제국주의(일제)의 식민지 시절입니다. 도저히 먹고살 수가 없어서, 혹은 일본의 탄압을 견디다 못해 멀리 있는 다른 나라로 떠돌아다니게 된 것이지요.

하지만 대규모로 이산가족이 생긴 것은 일제로부터 해방된 이후 갑작스럽게 그어진 38선과 6·25 전쟁 때문입니다. 이 과정에서 흩어진 가족의 숫자는 수백만 명에 달했습니다. 많은 이산가족들이 서로의 생사조차 알지 못한 채, 70여 년을 고통 속에서 살아가고 있습니다.

이산가족들은 점점 나이가 들어 가고 있습니다. 헤어진 가족들이 자유롭게 만날 수 있는 날이 오면 좋겠지요?

많은 비용이 낭비되고 있어요!

현재 남한의 군인은 약 60만 명, 북한은 무려 90만 명이 넘는다고 합니다. 남한과 북한의 군인을 모두 합하면, 세계에서 두 번째로 많은 규모입니다. 인구가 14억에 달하는 중국 다음으로 가장 많은 군인이 모여 있는 것이지요. 이렇게 큰 규모의 군대를 유지하려면 그 비용이 만만치 않습니다. 남한과 북한, 모두 큰 부담이 되고 있지요.

특히 북한의 부담이 더 큽니다. 국력이나 경제 수준이 훨씬 낮기 때문입니다. 당연히 식량난 해결이나 경제 발전이 그만큼 늦춰질 수밖에 없겠지요.

군인이 많은 나라들

남북한의 군인 수를 합하면 전 세계에서 중국 다음으로 많은 160만 명에 육박합니다.

나라 이름	군인 수	전체 인구 수
중국	204만 명	13억 9800만 명
인도	144만 명	13억 5000만 명
미국	136만 명	3억 3000만 명
러시아	101만 명	1억 4700만 명
북한	95만 명	2500만 명
남한	60만 명	5200만 명

분단 비용

남한과 북한의 분단과 대립으로 인해 우리가 치르는 부정적인 대가를 '분단 비용'이라고 합니다. 분단 비용에는 국가 안보 및 방위에 들어가는 비용과 이산가족의 고통, 서로에 대한 증오심과 전쟁 불안 등 눈에 보이지 않는 비용까지 포함됩니다.

분단의 구조가 허물어지지 않는 이상 분단 비용은 계속해서 쌓여 가기 마련이지요. 그만큼 우리 민족이 받게 될 고통의 크기는 커지겠지요.

민주주의 발전을 가로막고 있어요

분단 이후 오랫동안 우리는 진정한 자유와 민주주의를 누리지 못했습니다. 권위주의적인 군사 정권(군인들이 중심이 되어 조직한 정권)은 분단 상황을 나쁘게 이용해서 국민들의 민주화 요구를 무시하고 독재 정치를 일삼았습니다. 정치적으로 민주화가 된 지금은 달라졌을까요? 과거보다 개인의 인권과 자유가 더 많이 보장되고는 있습니다. 민주주의가 그만큼 발전한 것입니다. 하지만 오랫동안 분단의 세월을 거치면서 많은 사람들이 흑백 논리, 집단주의, 권위주의 등에 익숙해져 버렸습니다.

흑백 논리

모든 문제를 '찬성이냐 반대냐' 혹은 '내 편이냐 네 편이냐'와 같이 양극단으로만 구분하고 그 사이에 있는 다양한 차이를 인정하지 않으려는 사고방식을 말합니다. 둘 중에 하나만을 선택해야 하는 흑백 논리가 강조되는 사회에서는 자유롭고 창의적인 생각을 표현하기 어렵습니다.

집단주의

개인의 이익보다는 집단의 이익을 더 중요하게 생각하는 사회 원리를 뜻합니다. 집단의 화합과 조화를 이룰 수 있는 장점이 있는 반면, 개인의 권리와 개성이 무시될 수 있다는 단점이 있습니다. 집단주의는 민주주의와 어울리기 어렵습니다. 민주주의 사회는 제각기 다른 생각을 가진 수많은 개인들이 공존하는 곳이기 때문입니다.

권위주의

우리는 신뢰할 만한 뛰어난 지식이나 실력을 가진 사람을 보고 '권위'가 있다고 말합니다. 여기서의 '권위'는 남을 설득할 수 있는 힘을 뜻하는 말입니다. 하지만 '권위주의'는 힘과 지위를 통해 남을 억누르려고 하는 사고방식이나 행동을 말합니다. 따라서 '권위'는 필요하지만 사람과 사람 사이의 관계를 불평등하게 만드는 '권위주의'는 반드시 극복해야 할 잘못된 관습입니다.

통일을 하면 무엇이 좋아질까요?

통일은 분단으로 생겨난 고통을 덜어 줄 것입니다. 그리고 통일이 됨으로써 우리가 얻게 될 편리함과 이점도 많이 있습니다. 통일이 되면 삶의 질이 한층 높아질 거예요. 그렇기 때문에 통일은 정치인들이나 전문가들만 다루는 문제가 되어서는 안 됩니다. 분단의 아픔을 국민 모두가 겪은 것처럼, 통일의 기쁨과 행복도 함께 누릴 수 있어야 해요.

인도주의적인 문제 해결

통일이 되면 이산가족의 고통과 한을 풀어 줄 수 있습니다. 남한과 북한은 지금까지 20여 차례 이산가족 상봉을 추진했고, 2만여 명의 가족들이 만날 수 있었습니다. 그러나 이산가족 상봉을 신청한 13만여 명 중 절반이 넘는 7만 7천여 명이 이미 사망하였고, 살아 계신 분들 대부분이 70세 이상의 고령자라고 합니다. 평생 그리워한 혈육을 다시 만날 수 있는 시간이 이분들에게 그리 많이 남지 않았음을 알 수 있습니다. 이산가족의 문제는 정치나 이념의 문제가 아니라 인도적인 문제입니다.

징병제와 모병제

우리나라는 '징병제'를 채택하고 있습니다. 개인이 원하든 원하지 않든, 의무적으로 군대에 가야 하는 것입니다. 북한도 마찬가지예요. 남한은 의무 복무 기간이 2년 정도인데, 북한은 짧게는 5년에서 길게는 10년이라는 긴 세월을 군대에서 보내야 합니다. 가장 왕성하게 활동해야 할 청년 시기를 군대에서 보내는 것은 국가적으로도 큰 낭비입니다. 통일이 되면 징병제를 완화하거나 원하는 사람만 직업 군인이 되는 '모병제'를 실시할 수 있을 것입니다. 굳이 대규모의 군대를 유지할 필요가 없어지기 때문입니다.

줄어드는 국방비

2018년을 기준으로 우리나라는 한해 43조 원을 국방비로 쓰고 있습니다. 국가 전체 예산의 10%에 달하는 많은 비용이지요. 국방비에는 군인들의 월급과 최첨단 무기를 구입하는 비용 등이 포함되어 있습니다. 심지어는 미국 군대가 주둔하는 데 드는 비용도 우리 국방비에서 지출되고 있습니다. 이 많은 비용은 모두 국민의 세금에서 나오고 있습니다. 국방비를 줄일 수 있다면 복지나 의료, 교육 등 좀 더 생산적인 곳에 예산을 사용할 수 있을 것입니다.

국방비

북한은 심각한 경제난에도 불구하고 국가 예산의 3분의 1 이상을 국방비에 쏟아붓고 있어요. 우리나라도 정부 예산의 10% 이상이 국방비로 쓰이고 있지요. 경제 협력 개발 기구(OECD) 국가 중에서 가장 높은 수준이라고 해요.

	나라 이름	국방비
1	미국	6490억 달러
2	중국	2500억 달러
3	사우디아라비아	676억 달러
4	인도	665억 달러
5	프랑스	638억 달러
6	러시아	614억 달러
7	영국	500억 달러
8	독일	495억 달러
9	일본	466억 달러
10	대한민국	431억 달러

스웨덴의 스톡홀름 국제평화연구소(SIPRI) 자료: 2018년 기준

매년 우리나라와 미국은 미국 군대의 주둔 경비를 얼마만큼 분담하느냐를 놓고 협상을 합니다. 우리나라가 부담하는 비율은 매년 높아져서 이제는 미국 군대 주둔 경비의 절반에 해당하는 1조 원이 넘는 돈을 분담하고 있습니다.

균형 있는 경제 발전

남한과 북한이 하나가 되면 경제적으로도 좋은 점이 많습니다. 우선 인구가 7500만여 명이 되면서 내수(국내에서의 수요) 시장의 규모가 확대됩니다. 대외 무역에 의존하지 않아도 되는 규모의 시장이 생기는 것입니다. 기업이 경제 활동을 하는데 훨씬 더 유리한 환경이 되는 것이지요.

또한 북한에는 지하자원이 풍부합니다. 북한에 매장된 전체 광물 자원은 남한의 약 30배에 이른다고 해요. 대부분의 지하자원을 수입에 의존하고 있는 우리에게는 좋은 소식이 아닐 수 없습니다.

무엇보다도 남한의 기술과 자본, 그리고 북한의 지하자원과 노동력이 서로 보완될 수 있다는 점에서 통일은 남한과 북한의 균형 있는 경제 발전에 도움이 될 거예요.

세계를 무대로

우리나라가 '섬나라'라는 얘기를 들어본 적 있나요? 반도(삼면이 바다로 둘러싸이고 한 면은 육지에 이어진 땅) 국가인 우리나라는 삼면이 바다로 둘러싸인 데다가 북쪽으로는 휴전선으로 막혀 있어서 사실상 섬나라와 같다는 이야기입니다. 배나 비행기가 아니면 국경을 벗어날 수 없다는 점에서 부인할 수 없는 사실이지요. 국경이 사라진다는 세계화 시대에 치명적인 약점이 아닐 수 없습니다.

하지만 통일이 되면 이런 고립된 섬나라를 벗어날 수 있어요. 통일은 우리의 활동 영역을 중국과 광활한 시베리아를 넘어 유럽 대륙으로까지 연결 시켜 줄 거예요. 세계화 시대에 우리 민족의 활동 무대가 획기적으로 넓어지게 되는 거랍니다.

통일 비용 VS 분단 비용

통일을 하기 위해서는 많은 돈이 들어가게 됩니다. 이것을 '통일 비용'이라고 하지요. 그런데 이 비용이 너무 많다며 통일을 반대하는 사람들도 있습니다. 하지만 전문가들은 분단으로 인해 현재 우리가 지출하고 있는 비용, 즉 '분단 비용'이 통일 비용보다 훨씬 많다고 이야기하고 있습니다. 게다가 통일 비용은 미래를 위한 투자 비용인데 반해, 분단 비용은 소모적인 대립으로 인해 사라지는 비용이라고 할 수 있겠지요.

통일이 되면 유럽처럼 기차표 한 장으로 수많은 나라를 여행할 수 있게 될 것입니다. 이 지도는 유럽과 아시아를 잇는 철도망 계획인 '철의 실크로드'입니다.

평화롭고 행복한 사회

통일은 단순히 둘이 합쳐서 하나가 되는 것이 아닙니다. 무엇보다 평화롭고 행복한 사회를 만들기 위해서 통일을 하는 것이지요. 힘들게 통일을 이루었는데 평화롭지 못하다면 통일의 의미가 퇴색되고 말 거예요.

평화의 의미

많은 사람들은 전쟁이 없는 상태를 평화롭다고 말합니다. 예를 들어 두 나라가 전쟁을 끝내자고 합의를 하면 평화가 찾아온다고 말할 수 있겠지요. 하지만 그것만으로는 '진정한 평화'라고 할 수 없어요. 전쟁은 사라졌지만 사람들이 막연하게 불안과 공포를 갖고 있다면 그 사회는 결코 평화롭다고 말할 수 없을 거예요. 따라서 평화란 단순히 전쟁이 없는 상태가 아닙니다. 전쟁도 없어야 하겠지만, 평화를 깨뜨리는 갈등과 폭력이 사라진 상태를 우리는 '진정한 평화'라고 말합니다.

오늘날 전 세계 많은 나라들은 테러의 위협으로 불안해 하고 있습니다. 테러는 평화에 대한 새로운 위협입니다.

세계 평화 지수

이 표는 영국의 경제 평화 연구소(The Institute for Economics and Peace)에서 발표한 2019년의 '세계 평화 지수(GPI)'입니다. 우리나라는 세계에서 55번째로 평화로운 나라입니다. 이 지구 상에 남은 마지막 분단 국가이지만 실제 분쟁은 드물다는 이유로 상대적으로 평화로운 나라로 인정받은 것입니다. 평화 지수는 분쟁의 횟수, 주변 국가와의 관계, 인권 존중, 민주화 정도 등 나라 안팎의 평화 수준을 종합적으로 평가해서 계산된 것입니다. 북한은 151번째로, 가장 평화롭지 못한 나라 중 하나로 지정되었습니다.

1	아이슬란드	30	보츠와나	59	라이베리아	88	파라과이	117	태국
2	뉴질랜드	31	카타르	60	프랑스	89	캄보디아	118	아르메니아
3	포르투갈	32	스페인		나미비아	90	모로코	119	케냐
4	오스트리아	33	코스타리카	62	감비아	91	쿠바	120	니카라과
5	덴마크	34	우루과이	63	동티모르	92	가이아나	121	콩고 공화국
6	캐나다	35	라트비아	64	카자흐스탄	93	트리니다드 토바고	122	모리타니아
7	싱가포르	36	대만	65	그리스	94	모잠비크	123	온두라스
8	슬로베니아	37	에스토니아		북마케도니아	95	키르기스스탄	124	바레인
9	일본	38	말라위	67	몬테네그로	96	가봉	125	미얀마
10	스위스	39	이탈리아	68	몰도바	97	벨라루스	126	니제르
11	체코	40	리투아니아	69	오만	98	파푸아뉴기니	127	남아프리카 공화국
12	아일랜드	41	인도네시아	70	적도기니	99	조지아	128	미국
13	오스트레일리아	42	몽골	71	에콰도르	100	기니	129	사우디아라비아
14	핀란드	43	쿠웨이트	72	베냉	101	방글라데시	130	아제르바이잔
15	부탄	44	가나		스리랑카	102	우즈베키스탄	131	에티오피아
16	말레이시아	45	영국		에스와티니	103	레소토	132	짐바브웨
17	네덜란드	46	라오스	75	아르헨티나	104	부르키나파소	133	에리트레아
18	벨기에	47	파나마	76	네팔		타지키스탄	134	필리핀
	스웨덴	48	키프로스	77	앙골라	105	우간다	135	브룬디
20	노르웨이	49	잠비아		요르단	107	코트디부아르	136	이집트
21	헝가리	50	세르비아	79	르완다	108	토고	137	차드
22	독일	51	알바니아	80	페루	109	지부티	138	카메룬
23	슬로바키아	52	시에라리온	81	보스니아	110	중국	139	이란
24	루마니아	53	아랍에미리트	82	튀니지	111	알제리	140	멕시코
25	모리셔스	54	탄자니아	83	자메이카	112	기니비사우	141	인도
26	불가리아	55	대한민국	84	도미니카공화국	113	엘살바도르	142	팔레스타인
27	칠레		마다가스카르	85	볼리비아	114	과테말라	143	콜롬비아
28	크로아티아	57	베트남	86	코소보	115	투르크메니스탄	144	베네수엘라
29	폴란드	58	세네갈	87	아이티	116	브라질	151	북한

통일은 평화를 만드는 과정

통일을 이루는 것은 우리 모두가 평화롭고 행복하게 살기 위해서입니다. 만약 통일된 나라에서조차 분단되었을 때처럼 서로 싸우고 미워한다면 그것은 실패한 통일이 되고 말 거예요. 따라서 통일을 위해서는 일상에서 꾸준하게 평화를 만들기 위해 노력해야 합니다.

동아시아의 평화를 앞당기는 통일

우리나라가 속해 있는 동아시아는 갈등과 분쟁이 끊이지 않았습니다. 특히 20세기는 전쟁과 식민지 지배, 그리고 동서 냉전 체제로 인한 대립으로 얼룩진 시대였습니다. 더 이상 이런 불행이 반복되어선 안 되겠죠. 동아시아의 평화를 위해서도 한반도의 평화와 통일은 중요합니다. 한반도는 대륙과 해양이 만나는, 지리적으로 매우 중요한 위치에 있기 때문이지요. 그렇기 때문에 역사적으로도 여러 차례의 전쟁과 제국주의의 침략이 있었습니다. 21세기 동아시아의 평화와 한반도의 평화는 매우 긴밀한 관계에 있다는 점을 잊지 말아야 하겠습니다.

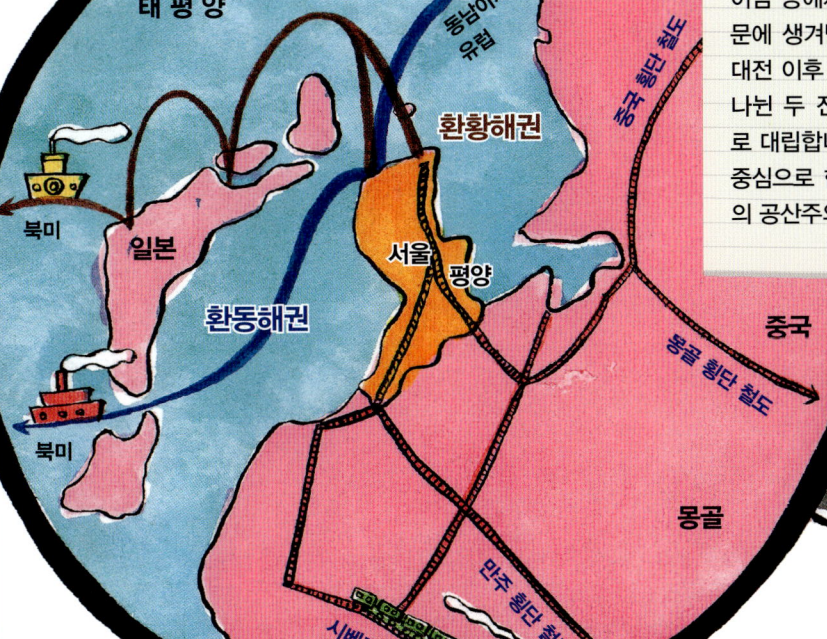

노르웨이의 사회학자인 요한 갈퉁입니다. 요한 갈퉁은 '평화적 수단에 의한 평화 만들기'를 주장했어요. '평화'를 이루기 위해서는 방법도 평화로워야 한다는 말이지요. 한반도의 통일 과정도 평화로워야 합니다.

한반도는 대륙과 해양의 힘이 모이는 지점에 위치하고 있습니다. 지도를 거꾸로 놓고 보면 더 잘 알 수 있습니다.

냉전 체제란?

'냉전(The Cold War)'이란 '차가운 전쟁'이라는 뜻입니다. 실제로 전쟁이 일어나지는 않지만 정치나 경제, 이념 등에서 갈등하고 대립하기 때문에 생겨난 말입니다. 제2차 세계 대전 이후 미국과 소련을 중심으로 나뉜 두 진영은 냉전과 같은 상태로 대립합니다. 두 진영이란 미국을 중심으로 한 자본주의 진영과 소련의 공산주의 진영을 말합니다.

국가 안보와 인간 안보

'국가 안보'란 국가가 외부의 위협으로부터 자국의 안전을 지키는 일을 뜻합니다. 하지만 최근 들어 국가 안보가 아니라 '인간 안보'라는 말을 사용하자는 주장이 나오고 있습니다. 국방을 튼튼히 한다고 해서 반드시 평화로워지는 것이 아니라는 주장입니다. 오히려 사람들의 일상생활을 안전하게 보장하는 데 신경을 써야 한다는 것이지요. 다시 말해서 복지, 환경, 인권, 민주주의 등 인간의 삶을 평화롭게 하는 일이 곧 '안보'라는 주장입니다.

제 2 장

통일이 어려워요

남과 북으로 왜 나뉘었나요?

통일 문제를 올바로 이해하기 위해서는 분단의 원인을 제대로 알아야 합니다.
어떤 이유에서 분단되었는지를 정확히 알아야 통일의 실마리를 찾을 수 있기 때문입니다.

미국이 원자 폭탄을 떨어뜨린 후 일본 히로시마의 모습이에요. 미국은 세계 최초의 원자 폭탄인 '리틀 보이'를 히로시마 중심부에 떨어뜨렸어요.

스스로 이루어 내지 못한 해방

1945년 8월 15일, 마침내 해방이 되었습니다. 35년간의 고통스러운 일본 제국주의의 식민 통치에서 벗어나게 된 것입니다. 하지만 우리 스스로 이루어 낸 해방이 아니었습니다. 일제 식민 통치 기간 동안 우리 민족은 줄곧 독립운동을 해 왔습니다. 그러나 일본이 항복하게 된 직접적인 계기는 미국의 원자 폭탄 투하와 소련의 대일본 선전 포고 때문이었습니다. 그러니까 일본의 항복을 받아 낸 쪽은 우리가 아니라 미국과 소련의 연합국인 것입니다.

당시 일본의 대표단이 항복 문서에 서명하고 있어요.

해방이 되었다고 사람들은 거리로 나와 환호했지만, 일본의 항복을 받아 낸 것은 미국과 소련 연합국이었습니다.

왜 분할 점령을 하게 되었나요?

한반도가 위치한 곳은 대륙 세력과 해양 세력이 만나는 매우 중요한 지점입니다. 그 때문에 당시 자본주의와 공산주의 진영을 각각 대표해서 세력 다툼을 벌이고 있던 미국과 소련에게 한반도는 놓쳐서는 안 될 요충지(군사적으로 아주 중요한 곳)였습니다. 먼저 한반도에 들어온 쪽은 소련입니다. 1945년 8월 9일, 한반도에 첫발을 내딛은 소련군은 불과 한 달여 만에 북한 전역을 점령합니다. 그 당시 미국은 아직 일본과의 전쟁에 집중할 수밖에 없던 상황이었지요. 예상보다 빨리 한반도에 들어간 소련을 보고만 있을 수 없던 미국은 부랴부랴 북위 38°를 기준으로 남과 북의 경계선을 긋고 소련에게 한반도를 나누어 점령할 것을 제안하게 됩니다. 소련은 이에 동의하지요.

38선을 그었어요

일본의 항복과 함께 소련군과 미국군은 한반도로 들어오게 됩니다. 한반도에 아직 남아 있는 일본군을 무장 해제(항복한 군인이나 포로의 무기를 빼앗는 일)시키고, 치안을 유지한다는 이유였지요. 문제는 북위 38°를 기준으로 나눈 다음, 북쪽은 소련군이, 남쪽은 미국군이 들어오기로 한 점입니다. 민족의 비극과 고통의 씨앗이 된 '38선'은 이렇게 우리 민족의 의사와 전혀 관계없이 강대국들에 의해서 일방적으로 만들어졌습니다.

신탁 통치가 결정됐어요

일본으로부터의 해방 직후, 우리 민족의 최대 관심사는 자주 독립 국가를 건설하는 것이었습니다. 하지만 미국과 소련을 중심으로 한 강대국들은 우리 민족의 독립을 곧바로 인정해 주지 않았어요. 스스로 나라를 세울 능력이 없다고 본 것이지요. 대신 독립 국가를 세울 능력이 생길 때까지 5년 동안 한반도를 신탁 통치하기로 결정합니다.

신탁 통치란 국제 연합(United Nations, 유엔)의 감독 아래에서 정치적으로 혼란한 지역을 특정 국가가 대신 통치해 줌으로써 정치적인 안정을 찾아 주는 제도입니다. 기간을 정해 놓고 통치를 시작한다는 점에서 '식민 통치'와 다릅니다.

당시 미국이 38선에 대한 내용을 적은 표지판입니다.

좌익과 우익이 대립했어요

1945년 12월 27일, '모스크바 삼상 회의'에서 신탁 통치가 결정되었다는 소식이 전해집니다. 외신 보도를 접한 국민들은 이에 격분하여 우익 계열을 중심으로 반탁 전국 대회를 열고 대대적인 '신탁 통치 반대 운동(반탁 운동)'을 전개합니다. 일제에서 벗어나 하루라도 빨리 독립 국가를 세우려고 한 일반 사람들에게 신탁 통치는 또다시 식민지 상태로 되돌아가는 것처럼 받아들여졌기 때문이지요. 하지만 좌익 계열은 모스크바 협정의 핵심은 신탁 통치가 아닌 임시 정부 수립이라는 점을 들어, '모스크바 협정의 수용(찬탁 운동)'을 주장합니다. 결국 민족의 독립을 위한 중대한 기로에서 좌익과 우익 계열은 분열하고 말았지요.

모스크바 삼상 회의에서 확정된 결정안의 주요 내용은 크게 두 가지입니다.

'첫째, 조선에 임시적인 민주 정부를 수립한다. 둘째, 최고 5년 기한의 신탁 통치를 실시한다.'

독립과 정부 수립을 바라고 있던 우리 민족에게 만족스럽지는 않지만 나쁘지 않은 결정이었습니다. 5년 후가 되면 자주 독립 국가를 건설할 수 있었으니까요. 그러나 불행하게도 모스크바 삼상 회의의 결정 내용은 신탁 통치를 받게 된다는 내용만 크게 부각되어 국내에 전달됩니다. 내용만 제대로 전달되었다면 찬탁이니 반탁이니 싸울 일이 없는데 말이죠. 한번 잘못 알려진 사실은 그대로 굳어지게 되었고, 신탁 통치를 둘러싼 좌익과 우익의 대립은 심해지게 됩니다.

모스크바 삼상 회의에서 결정된, 신탁 통치안을 반대하는 '신탁 통치 반대 운동'이 전개되었습니다.

모스크바 삼상 회의

제2차 세계대전이 끝나고 1945년 12월, 미국과 영국과 소련은 우리나라의 신탁 통치와 관련한 회의를 모스크바(지금의 러시아의 수도)에서 열기로 합의합니다. 이렇게 진행된 모스크바 삼상 회의에서 미국은 임시 정부 수립 없이 5년에서 10년 동안 4개의 나라가 신탁 통치 하자고 제안했고, 소련은 임시 정부 수립·공동 위원회 개최·조선의 정당·사회 단체의 참여를 제안했어요. 마침내 세 나라는 12월 27일, 〈한국 문제에 관한 4개항의 결의서〉라는 이름의 합의문을 발표합니다. 이 합의문에 나온 신탁 통치안의 내용은 아래와 같습니다.

신탁 통치안

- 한국을 독립 국가로 재건하기 위해 임시적인 한국 민주 정부를 수립한다.
- 한국 임시 정부 수립을 돕기 위해 미·소 공동 위원회를 설치한다.
- 미국, 영국, 소련, 중국의 4개국이 공동 관리하는 최고 5년 기한의 신탁 통치를 실시한다.

좌익과 우익

'좌익'은 사상적으로 사회주의적 성향을 가진 사람들을 말합니다. 이들은 급진적인 사회 개혁을 선호합니다. 반면 '우익'은 사상적으로 자본주의나 자유주의적 성향을 가진 사람들을 말하며, 이들은 급격한 변화를 좋아하지 않습니다.

결국 두 개의 정부가 세워졌어요

좌익과 우익의 대립이 심각해지면서 모스크바 삼상 회의의 결정은 힘을 잃게 됩니다. 임시 정부 수립과 신탁 통치가 더 이상 어렵게 된 것이지요. 그러자 미국은 한국 문제를 국제 연합에 맡기기로 결정했습니다. 국제 연합에서는 미국이 원하는 대로 문제를 다룰 수 있었기 때문입니다.

국제 연합에서는 국제 연합의 감시 아래에서 남북 총선거를 하기로 결정하고, '국제 연합 한국 임시 위원단'을 보냈습니다. 하지만 이미 정부 수립을 준비하고 있던 북한은 이에 반대하고, 임시 위원단의 북한 방문을 거부했습니다. 그러자 미국과 국제 연합은 남한만이라도 정부를 수립할 것을 결정하고, 1948년 5월 10일에 남한의 단독 선거를 치릅니다. 그리고 같은 해 8월 15일에 이승만 대통령은 '대한민국 정부'의 수립을 선포합니다.

9월 9일에 북한에서는 북조선 인민회의가 '조선 민주주의 인민 공화국'의 수립을 선포합니다. 이렇게 한반도에는 두 개의 다른 정부가 들어서게 된 것입니다.

북한에서는 1948년 9월 9일, '조선 민주주의 인민 공화국' 수립을 선포하고, 김일성을 수상으로, 박헌영과 홍명희 등을 부수상으로 하여 정부를 수립했습니다.

남한은 1948년 5월 10일에 진행한 총선거를 통해 '제헌국회'를 구성했으며, 8월 15일에 '대한민국 정부'를 수립했습니다.

'6·25 전쟁'이라는 국제전

남북한 분단이 결정적으로 굳어지게 된 것은 '6·25 전쟁' 때문입니다. 같은 민족끼리 죽고 죽이는 싸움을 벌인 것이에요. 너무도 가슴 아픈 이 사건을 '동족상잔의 비극'이란 말로 표현하기도 합니다.

예고된 전쟁

마지막 순간까지 분단을 막고자 노력한 백범 김구는 전쟁을 예언했습니다. 그리고 김구가 암살당한 지 1년 만에 거짓말처럼 6·25 전쟁이 발발하게 됩니다. 남한과 북한에 전혀 다른 성향의 정부가 수립되었을 때부터 전쟁의 불씨는 조금씩 타올랐습니다. 또한 남한과 북한은 각각 미국과 소련의 후원을 받으며 서로 경쟁하고 대립하기 시작했습니다.

전쟁으로 부모를 잃고 떠돌아다닌 고아의 모습입니다. 어린이들은 전쟁의 가장 큰 피해자입니다.

3년간의 전쟁

1950년 6월 25일, 마침내 전쟁이 시작됐습니다. 전쟁 초기에는 북한이 월등히 강했어요. 북한의 인민군은 전쟁이 시작된 지 3일 만에 서울을 점령했습니다. 그리고 보름 만에 낙동강 유역까지 내려왔지요. 하지만 9월 15일, '인천 상륙 작전'의 성공으로 전세는 역전됩니다. 오히려 이번에는 국제 연합군이 서울과 평양을 넘어 북한의 압록강 유역까지 다다르게 되지요. 국제 연합군의 승리가 눈앞에 보이는 순간, 또 한 번 전세가 뒤바뀌는 사건이 벌어집니다. 중국이 한국 전쟁에 참전하기로 한 것입니다. 국제 연합군은 중국군의 인해 전술(많은 군인을 투입하여 적을 압도하는 전술)에 밀려 다시 38선 밑으로 내려가게 됩니다. 결국 지금의 휴전선을 사이에 두고 전세는 굳어집니다.

1950년 9월 15일, 국제 연합군의 사령관인 맥아더 장군의 지휘 아래 전격적으로 인천 상륙 작전이 이루어집니다. '상륙 작전'이란 육지가 아닌 바다를 통해 상대방의 해안에 기습적으로 침투해 들어가는 군사 작전입니다. 인천 상륙 작전은 전세를 단번에 뒤집어 놓았습니다.

전쟁으로 사람들은 피난을 가야만 했습니다.

중국군이 압록강을 넘어 인해 전술을 펼치며 전쟁에 참여했습니다.

6·25 전쟁 초기, 북한군은 빠른 속도로 서울을 점령했습니다. 당황한 남한 정부는 북한 인민군의 남하를 조금이라도 늦추기 위해서 한강철교를 폭파시킵니다. 이 때문에 철교를 건너던 피난민들이 죽고, 많은 사람들이 한강을 건너지 못했습니다.

6·25 전쟁에 참전한 국가는?

6·25 전쟁은 대한민국(남한), 조선 민주주의 인민 공화국(북한), 미국, 중국 등 총 20개국이 군대를 보낸 국제전이었습니다.

전투 군을 파견해 우리를 도운 나라(16개국)

미국, 영국, 오스트레일리아, 뉴질랜드, 프랑스, 캐나다, 남아프리카 공화국, 터키, 타이, 그리스, 네덜란드, 콜롬비아, 에티오피아, 필리핀, 벨기에, 룩셈부르크

38선에서 휴전선으로

1953년 7월 27일, 드디어 '휴전 협정'이 조인되었습니다. 휴전 협정에는 국제 연합군 사령관과 북한군 사령관, 그리고 중국군 사령관이 서명을 했습니다. 전쟁을 잠시 중단하기로 합의한 것입니다. 그래서 '정전 협정'이라고도 하지요. 하지만 정전 협정은 '평화 협정'이라고도 불리는 '종전 협정'을 체결하기 전까지는 그야말로 전쟁을 쉬자는 말이나 다름없습니다. 항상 불안할 수밖에 없는 거지요. 이런 상태가 오늘날까지 지속되어 온 것입니다. 한편 휴전 협상 당사국들은 협상을 통해서 38선을 조금 바꾼 휴전선과 그 주변의 비무장 지대(DMZ)를 설치하는 데 합의했습니다.

왜 남한은 휴전 협정에서 빠졌나요?

당시 남한의 이승만 정권은 휴전에 반대했습니다. 전쟁을 멈춰선 안 되고, 북한 지역까지 되찾아서 자본주의 국가로 통일하자는 주장을 편 것입니다. 미국이 참전했을 때 전쟁을 끝내지 않으면 안 된다는 불안감을 갖고 있었던 것입니다. 그래서 대한민국은 휴전 협정에 아예 참여하지 않은 것이지요.

휴전선을 기준으로 남한과 북한 각각 2km씩, 총 4km에 걸쳐 생긴 공간이 바로 '비무장 지대'입니다. 여기서는 싸우면 안 된다는, 일종의 완충 지대를 만든 것이지요. 총면적만 해도 2억 7000만 평으로 한반도 전체 면적의 약 250분의 1에 해당되는 땅입니다. 오랜 세월 동안 사람들의 발길이 닿지 않다 보니 야생 동물과 식물에게는 더없이 풍요로운 서식지가 되었답니다.

휴전 협정을 통해서 38선을 대신하는 새로운 경계선이 만들어졌습니다. 휴전선은 38선과는 달리 높은 철조망이 쳐졌고, 무장 군인이 경계 근무를 서는 '군사 분계선'이 되었습니다. 휴전선의 총 길이는 250km에 이릅니다.

- 군사 분계선
- 북방 한계선
- 남방 한계선
- 민간인 통제선
- 접경 지역 경계

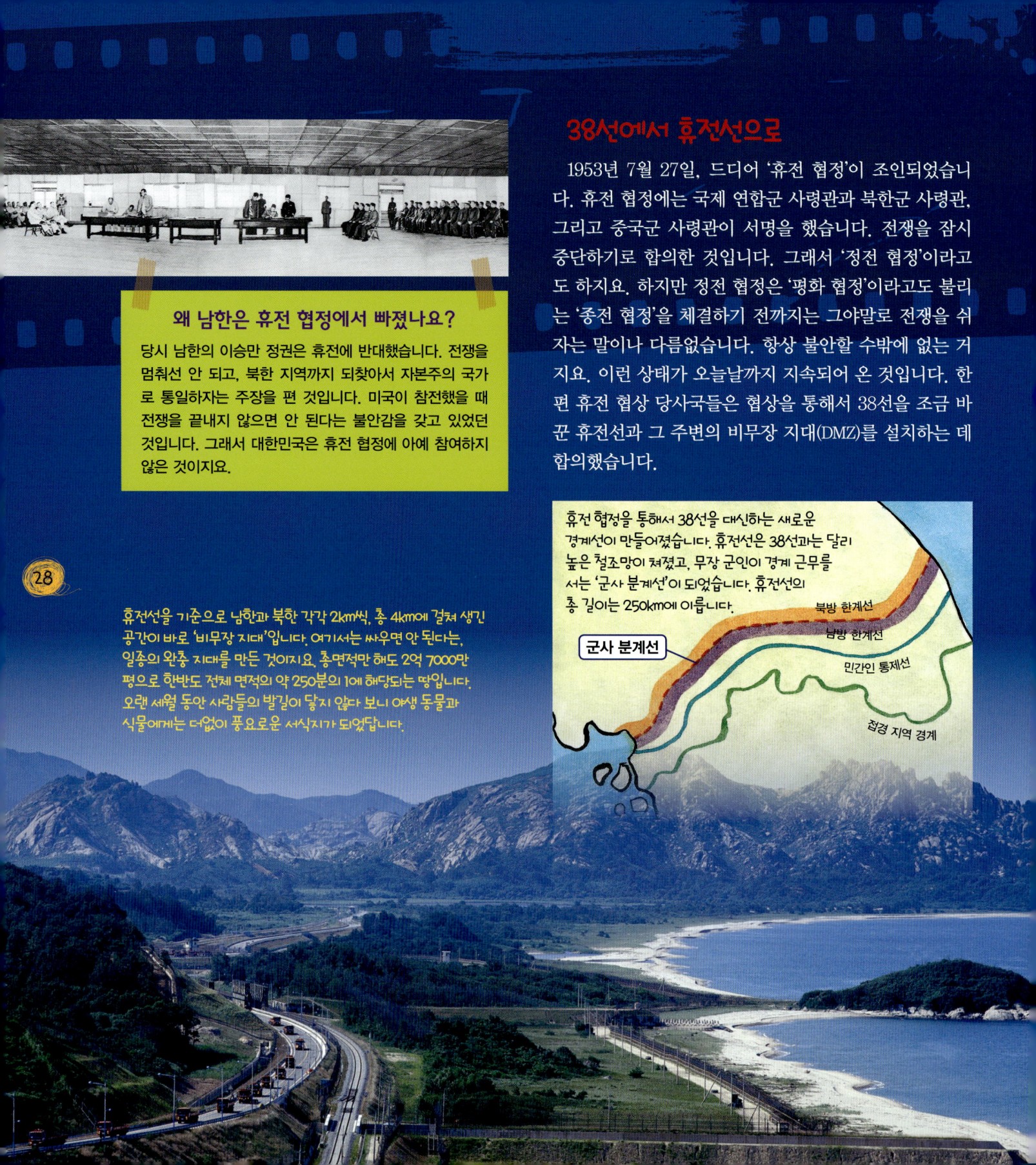

전쟁은 멈추었지만

전쟁은 한반도에 심각한 피해를 남겼습니다. 죽거나 실종된 사람만 해도 남북한 모두 합쳐 약 250만 명이나 되었습니다. 전체 인구의 10분의 1이 희생된 것입니다. 그리고 셀 수 없이 많은 사람들이 부상을 입고 행방불명이 되었습니다. 또한 전쟁으로 인해 우리 민족의 터전이 파괴되고 말았습니다. 대부분의 산업 시설과 공공시설이 파괴되었고, 가옥의 절반이 파괴되거나 손상되었습니다.

북한 지역의 피해가 훨씬 더 컸습니다. 공군력에서 훨씬 더 앞선 미국군이 휴전 직전까지 줄곧 대대적인 공습을 가했기 때문이죠. 전쟁 기간 중 미국군은 엄청난 양의 폭탄을 사용했습니다. 그 양이 자그마치 47만 톤에 이른다고 합니다.

미국군의 피해도 컸습니다. 6·25 전쟁 기간 동안 약 5만 4000명의 미군이 전사했습니다. 사진은 미국 워싱턴에 있는 '한국 전쟁 참전 용사 기념관'의 모습입니다.

누가 일으킨 전쟁인가?

6·25 전쟁의 책임은 누구에게 있을까요? 우선 무력으로 통일을 시도한 북한 정권에 책임이 있습니다. 북한의 김일성은 전쟁을 일으키기 전에 당시 소련과 중국을 방문해서 전쟁 계획을 사전에 협의하기도 했습니다.

하지만 강대국들의 주도로 이뤄진 분단, 더 나아가서는 일본의 오랜 식민 지배 역사가 결국 전쟁으로 이어졌다는 점도 잊어선 안되겠습니다. 오랜 세월이 지난 지금, 남북한은 전쟁의 책임과 잘잘못을 따지기 보다는 상처를 치유하고 화해하는 것이 먼저일 것입니다.

무고한 죽음들

영화 〈태극기 휘날리며〉(감독 강제규)에는 6·25 전쟁 당시 군인과 경찰이 민간인들을 무참히 학살하는 장면이 있습니다. 이른바 '빨갱이'로 몰려 죄 없이 희생된 사람들에 대한 내용이었지요. 이런 일들이 한반도 전역에서 일어났습니다. 학살을 당한 사람들 중에는 10세 이하의 어린이나 70세 이상의 노인들도 많이 있었습니다.

보도 연맹 사건

'보도 연맹'이란 정부 차원에서 좌익으로 의심되는 사람들을 관리하기 위해 1949년에 만든 조직으로, 정식 이름은 '국민 보도 연맹'입니다. 그런데 6·25 전쟁이 터지자 이들이 북한에 협조할 것을 우려한 국군이나 경찰들이 전국적으로 보도 연맹 조직원들을 학살한 사건입니다. 지난 2008년 1월, 당시 노무현 대통령은 보도 연맹 사건에 대해서 국가의 잘못을 인정하고 공식적으로 사과했습니다. 희생자들의 넋을 위로하는 데 50년이 넘는 세월이 걸린 것입니다.

노근리 사건

미국 군대에 의한 민간인 학살 사건도 있었습니다. 1999년 AP 통신(세계 최대의 미국 통신사)의 보도를 통해 전 세계에 알려진 '노근리 사건'은 6·25 전쟁 당시, 무고한 민간인이 학살된 사건입니다. 2001년 1월, 당시 미국의 클린턴 대통령은 노근리 사건에 대해서 유감을 표명하는 성명서를 발표했습니다. 사건이 일어난 지 50년 만의 일입니다.

〈한국에서의 학살〉
파블로 피카소, 1951년, 파리 피카소 미술관 소장. 세계적으로 유명한 화가인 파블로 피카소가 한국 전쟁에서 벌어진 학살을 소재로 그림을 그렸습니다.

두터워지는 분단의 벽

전쟁은 끝이 났지만 남한과 북한의 보이지 않는 싸움은 계속되었습니다. 같은 민족끼리 서로 감시하고 견제하며 끊임없이 의심하는 것입니다. 또한 상대를 미워하는 마음도 점점 커져 갔습니다.

남한에 뿌리내린 반공주의

분단과 전쟁을 겪으면서 반공주의는 남한 사회에 깊숙이 뿌리내리게 됩니다. '반공주의'란 공산주의에 반대한다는 사상이에요. 하지만 그저 반대하는 것만을 의미하지 않아요. 사실상 반공주의는 공산주의와 조금이라도 비슷한 생각을 갖거나, 북한에 대해 우호적인 입장을 가진 사람들을 탄압하는 데 쓰이게 됩니다. 뿐만 아니라 반공주의가 사회 전반에 퍼지면서 일반 시민들조차 북한에 대한 증오심을 품게 되었지요.

조봉암 사건

이승만 정권 시절 조봉암은 1952년과 1956년, 두 번의 대통령 선거에 출마하여 이승만의 최대 정적(정치에서 대립되는 처지에 있는 사람)으로 떠올랐습니다. 조봉암은 '진보당'을 만들고 선거 공약으로 평화 통일을 내세웠지요. 1958년 1월, 조봉암은 이른바 '진보당 사건'으로 체포되어 이듬해 사형당하고 맙니다. 당시 남한은 북한을 무찔러야 할 대상으로만 바라봤기 때문에, 평화 통일 주장은 위험한 사상으로 취급받았습니다.

레드 콤플렉스

'레드' 즉 '빨간색'은 공산주의를 상징하는 색깔입니다. '레드 콤플렉스'는 공산주의에 대해 느끼는 공포심을 가리키는 말입니다. 전쟁을 겪었으니 당연한 일이지요. 하지만 지나친 공포심은 올바른 사고와 판단을 하기 어렵게 만듭니다. 레드 콤플렉스로 인해 남한과 북한의 불신의 장벽은 더 높아졌습니다.

분단의 그늘

1970년대 들어서 남한과 북한 정권은 상대방의 군사적인 위협을 이유로 들어 독재 권력을 강화해 나갑니다.

1972년 10월, 남한의 박정희 정권은 유신 헌법을 공포하며 국회의원의 3분의 1을 대통령이 직접 임명할 수 있도록 했습니다. 그 정도로 절대적인 권력이 대통령 한 사람에게 집중되었지요. 이것을 '유신 체제'라고 합니다.

비슷한 시기에 북한에서는 김일성 주석을 최고 지도자로 하는 '유일 체제'를 확립해 나갑니다. 1960년대 후반부터 북한에서는 김일성에 대한 우상화 작업을 본격적으로 추진하면서 아들인 김정일을 후계자로 정합니다. 이어서 1972년 12월, 국가 주석에게 입법·사법·행정 등 모든 권한이 집중되는 내용을 줄기로 한 사회주의 헌법이 제정됩니다.

위기의 순간들

6·25 전쟁은 한반도에 다시는 무력 분쟁이 일어나서는 안 된다는 교훈을 주었습니다. 하지만 그 이후에도 남북한 관계는 위기의 순간을 여러 차례 맞았습니다.

미루나무 절단 사건

1976년 8월 18일, 국제 연합군 소속 장병들이 공동 경비 구역(JSA)에서 미루나무의 가지치기 작업을 하고 있었습니다. 북한군 초소를 감시해야 하는데, 미루나무가 시야를 방해했기 때문이지요. 이것을 본 북한군 장교와 사병 20여 명이 "나뭇가지를 치지 말라."고 요구했습니다. 하지만 이를 무시하고 작업을 계속하자, 북한 병사 60명이 도끼와 몽둥이를 들고 달려와 미군 장교 2명을 살해하는 끔찍한 사건이 발생하고 말았습니다. 이에 미국은 항공모함과 수십 대에 이르는 전투기를 한반도에 급히 파견하는 등 전쟁 계획까지 세웠습니다. 다행히 김일성 주석의 유감 표명으로 사건은 마무리되었지만, 이 사건은 당시 한반도가 얼마나 불안정했는지를 보여 주었습니다.

당시 문제가 된 미루나무.

1·21 사태와 684 부대

1968년 1월 21일, 북한의 특수 부대원 31명이 청와대 근처인 세검정 고개까지 진입을 시도하다 28명이 사살됩니다. 생포된 북한 병사를 통해 이들의 남파 목적이 대통령 암살이라는 사실이 밝혀지자 온 나라가 발칵 뒤집혔지요. 이 사건이 있은 후, 박정희 정부는 향토 예비군 창설, 국군 복무 연장 등 국가 안보를 강화하는 대책을 내놓습니다. 그리고 비밀리에 '1·21 사태'의 보복을 목적으로 북파 공작원 특수 부대를 만듭니다. 이 특수 부대가 바로 영화 〈실미도〉(감독 강우석)의 소재가 된 '684 부대'입니다.

왜 공동 경비 구역이라고 할까요?

'판문점'이라고도 불리는 '공동 경비 구역'은 남북한군이 총을 들고 삼엄한 경계를 펼치는 긴장된 공간입니다. 원래 이곳은 양측 경비병들과 민간인들이 자유롭게 통행하던 중립 지대였습니다. 그러나 미루나무 절단 사건 이후, 서로 상대방 지역을 넘어갈 수 없도록 경계선을 그은 것이지요.

공동 경비 구역 안 군사 분계선을 사이에 둔 남한과 북한의 장병들. 삼엄한 경계 속 군인들의 모습이 무섭게 보이지만, 대부분 20대 초반의 청년들입니다.

분단의 또 다른 희생자, 북파 공작원

'간첩'이란 적대 국가의 기밀을 탐지해서 자국에 보고하는 사람을 말합니다. 영어로는 '스파이(spy)'라고 하죠. '울진·삼척 무장 공비 침투 사건' 등 북한에서 내려보낸 무장 간첩 사건은 잘 알려져 있습니다. 하지만 남한도 지속적으로 북파 공작원을 보냈습니다. 6·25 전쟁 이후, 남한 당국에 의해 북한으로 파견된 공작원의 숫자는 1만여 명이 넘고, 이중에서 사망하거나 실종된 사람만 7000여 명이 넘는다고 합니다.

끝나지 않은 북핵 위기

핵폭탄은 무시무시한 무기입니다. 단 1개만으로도 수십만 명의 목숨을 앗아 갈 정도로 파괴력이 크지요. 1945년, 일본의 히로시마와 나가사키에 투하된 핵폭탄으로 사망한 사람의 숫자만 해도 20만 명이 넘습니다. 국제 연합은 핵무기를 '대량 살상 무기'로 분류하고, 이를 개발하거나 판매하는 것을 엄격히 금지하고 있지요. 이것을 '핵 확산 금지 조약(NPT)'이라고 합니다.

그런데 1993년, 북한은 핵 사찰을 받지 않겠다며, 핵 확산 금지 조약의 탈퇴를 선언합니다. 당연히 북한과 미국 간에 심각한 긴장 관계가 조성되었지요. 다행히도 북한과 미국은 협상을 통해 위기를 넘겼지만, 이후에도 비슷한 위기가 계속해서 반복되고 있습니다. 겉으로 드러난 문제는 핵을 보유하느냐 마느냐의 다툼 같지만 근본적으로는 미국과 북한이 서로를 믿지 못하기 때문이에요. 이러한 적대 관계가 해소되고 두 나라의 관계가 정상화되지 않으면, 북핵 위기는 언제 또 다시 불거질지 모릅니다.

북한은 세계 여러 나라의 비난에도 불구하고 2017년 9월, 함경북도 길주군 풍계리에서 여섯 번째 핵실험을 단행했습니다. 전문가들은 여기서 사용된 핵폭탄의 위력이 과거 히로시마에 투하된 핵폭탄을 넘어선다고 판단하고 있습니다. 이미 핵을 가진 나라가 핵을 포기한 사례는 극히 드뭅니다. 힘들게 만든 만큼 충분한 보상 없이는 포기할 수 없다는 것이지요. 북한 핵 문제가 해결되기 어려워진 이유입니다.

북한이 핵 확산 금지 조약을 탈퇴하면서 사찰을 받지 않으려 했던 영변 핵 실험 시설. 당시 미국은 이 시설을 폭격한다는 구체적인 계획을 수립했다고 합니다. 생각만 해도 아찔한 순간이었습니다. 남한과 북한이 대화를 통해 스스로 문제를 해결하지 못하면 우리의 뜻과는 상관없이 커다란 위기가 닥쳐올 수 있음을 알 수 있습니다.

서해 북방 한계선(NLL)을 둘러싼 갈등

1999년과 2002년, 2009년에는 서해에서 남북한 해군 사이에 교전이 일어나고, 2010년에는 북한이 연평도를 향해 포격을 가했습니다. 왜 이런 안타까운 일이 자꾸 생길까요? 바로 '서해 북방 한계선' 때문입니다. 서해 북방 한계선은 쉽게 말해 바다에 그어 놓은 휴전선입니다. 휴전 협정 당시 국제 연합군 사령부와 북한은 해상 분계선을 합의하지 못했습니다. 육지에서의 휴전선만 합의했지요.

서해 북방 한계선은 전쟁 직후에 남북간 해상 충돌을 방지하기 위해서 당시 클라크 국제 연합군 사령관이 북한과 협의 없이 만든 것입니다. 북한으로서는 이것을 지킬 이유가 없다고 주장하고 있습니다. 반면, 남한은 오랫동안 지켜 왔기에 사실상 국경선이나 다름없다고 반박해 왔지요.

통일을 지향하는 남한과 북한이 바다 위 경계선을 두고 다툼을 벌이는 것은 부끄러운 일입니다. 과거를 따져 묻기보다는 미래를 생각하며 서로 조금씩 양보하는 것이 가장 바람직한 해법입니다.

2009년까지 서해에서 발생한 세 차례 교전으로 남북한 장병 수십 명이 전사하고 약 100명이 부상을 입었습니다. 북방 한계선은 한반도의 화약고(분쟁이나 전쟁이 일어날 위험이 많은 지역을 비유적으로 이르는 말)가 되고 있습니다. 사진은 1999년 서해 교전 모습입니다.

2010년 11월, 북한은 서해 최북단에 있는 연평도를 향해 포 사격을 가했습니다. 6·25 전쟁 휴전 이후 처음으로 북한군이 남한의 영토를 직접 공격한 것입니다. 연평도 주민을 포함해 20여 명이 죽거나 다친 이 사건의 원인도 북방 한계선을 둘러싼 갈등에 있습니다. 사진은 포격으로 불타는 연평도의 모습입니다.

제 3 장

통일을 위한 많은 노력들

남북한이 합의한 소중한 약속들

남한과 북한이 항상 대립만 한 것은 아닙니다. 1970년대에 들어오면서 더디지만 조금씩 통일을 위해 무엇을 해야 할지 만나서 이야기하기 시작했어요. 전쟁 이후 처음으로 고위 관료들이 만나서 대화하고, 의미 있는 약속도 했습니다. 생각의 차이가 큰 것은 분명했지만, 원칙들을 하나씩 세워 나갔어요.

평화롭게 통일하자는 원칙에 합의했어요

1970년대 들어서 세계 정세가 크게 달라집니다. 차디찬 냉전의 분위기가 조금씩 녹아내리기 시작한 거예요. 이것을 '데탕트'라고 해요. 데탕트는 프랑스어인데, '긴장을 풀다'라는 뜻이에요.

데탕트의 바람은 한반도에도 불어왔습니다. 1972년 7월 4일, 남북한은 서울과 평양에서 각각 역사적인 남북 공동 성명을 발표하거든요. 이 성명을 '7·4 남북 공동 성명'이라고 해요. 7·4 남북 공동 성명에서 남북한은 '자주·평화·민족 대단결'이라는 '조국 통일 3대 원칙'에 합의했어요. 지금은 너무나도 당연한 원칙이 되었지만 당시로서는 깜짝 놀랄 만한 발표였답니다. 서로를 무너뜨려야만 통일을 할 수 있다고 생각한 시절이었으니까요. 이렇게 7·4 남북 공동 성명은 남한과 북한이 통일을 이루어 가는 데 있어서 지향해야 할 기본적인 원칙으로 자리 잡게 됩니다.

남북한 대화를 위해 서울과 평양에서 두 정상을 인사차 방문한 대표들입니다. 왼쪽 사진은 남한의 당시 중앙정보부의 이후락 부장(왼쪽)과 북한의 김일성 주석이며, 오른쪽 사진은 당시 북한의 박성철 부주석(왼쪽)과 남한의 박정희 대통령 모습입니다.

> **7·4 남북 공동 성명의 조국 통일 3대 원칙**
> 첫째, 통일은 외세에 의존하거나 외세의 간섭받음이 없이 자주적으로 해결하여야 한다.
> 둘째, 통일은 서로 상대방을 반대하는 무력 행사에 의거하지 않고 평화적 방법으로 실현해야 한다.
> 셋째, 사상과 이념, 제도의 차이를 초월하여 우선 하나의 민족으로서 민족적 대단결을 도모하여야 한다.

'남북 관계 개선을 위한 기본 합의서'는 1990년에 열린 남북 고위급 회담을 통해서 만들어졌습니다. 이 회담은 분단 이후 처음으로 남한과 북한의 총리가 대표로 참여한 회의였습니다.

화해와 평화를 약속한 남북 합의서

1991년, 남한과 북한은 상당히 자세한 내용을 담은 합의문에 서명하게 됩니다. 이 문서를 '남북 기본 합의서'라고 해요. 7·4 남북 공동 성명이 '통일을 이런 원칙으로 합시다'라고 하는 느슨한 약속이라고 한다면 남북 기본 합의서는 남한과 북한은 어떤 관계인지, 화해와 평화를 위해 서로 지켜야 할 일은 무엇인지 등을 아주 구체적으로 기술하고 있어요. 남북 기본 합의서는 크게 3가지 부분으로 구성되어 있는데, 상대방의 체제를 인정하자는 '화해 부분', 상대방에 대해 무력을 사용하지 않으며 침략하지 않겠다는 '불가침 부분', 자원을 공동으로 개발하고 물자를 교류하며 사람들끼리 자유롭게 왕래하자는 '교류·협력 부분'으로 이루어져 있답니다.

역사적인 남북 정상 회담

드디어 남북한의 정상이 손을 맞잡았습니다. 이렇게 감동적인 장면이 또 있을까요? 2000년 6월 13일부터 2박 3일간 열린 '1차 남북 정상 회담'은 분단 반세기를 마감하고 화해와 협력의 새 시대를 전 세계에 알렸습니다. 만나는 것 자체만으로도 큰 의의를 지닌 1차 남북 정상 회담은 내용적으로도 의미 있는 합의를 이뤄 냈습니다. 이 합의문을 '6·15 남북 공동 선언'이라고 합니다. 5개 조항으로 이루어진 공동 선언문에는 '한반도의 통일을 위해 어떻게 평화를 정착시킬지'에 대한 구체적인 방안이 잘 드러나 있습니다.

6·15 남북 공동 선언 5개항

1. 남과 북은 나라의 통일 문제를 그 주인인 우리 민족끼리 서로 힘을 합쳐 자주적으로 해결해 나가기로 하였다.
2. 남과 북은 나라의 통일을 위한 남측의 연합제 안과 북측의 낮은 단계의 연방제 안이 서로 공통성이 있다고 인정하고 앞으로 이 방향에서 통일을 지향시켜 나가기로 하였다.
3. 남과 북은 올해 8·15에 즈음하여 흩어진 가족·친척 방문단을 교환하며 비전향 장기수 문제를 해결하는 등 인도적 문제를 조속히 풀어 나가기로 하였다.
4. 남과 북은 경제 협력을 통하여 민족 경제를 균형적으로 발전시키고, 사회·문화·체육·보건·환경 등 제반 분야의 협력과 교류를 활성화하여 서로의 신뢰를 다져 나가기로 하였다.
5. 남과 북은 이상과 같은 합의 사항을 조속히 실천에 옮기기 위하여 빠른 시일 안에 당국 사이의 대화를 개최하기로 하였다.

6·15 남북 공동 선언 당시, 남한의 김대중 대통령과 북한의 김정일 국방위원장이 포옹을 하고 있습니다.

평화를 만드는 남북한 경제 협력

남북한 고위 관료들의 회담은 언제나 살얼음판 같습니다. 정치적으로 민감한 주제를 다루기 때문이에요. 그래서 서로의 주장만 되풀이하다가 그냥 헤어지기도 하고, 심지어는 말싸움으로 회담이 결렬되는 경우도 많았어요. 이처럼 정반대의 이념으로 대립하고 있는 남한과 북한이 정치나 군사 분야에서 의견 차이를 좁히기란 좀처럼 쉽지 않습니다. 하지만 경제 분야는 달라요. 서로 이익이 되는 부분에서는 협력할 수 있기 때문이지요.

소 떼가 열어 낸 분단의 빗장

남한 주민이 북한을 방문한다는 것은 아주 오랫동안 상상하기조차 힘든 일이었습니다. 고위 관료들조차 남북 회담을 하려면 중국을 거쳐서 북한에 들어갈 수 있었어요. 차로 두어 시간이면 되는 거리를 비행기를 타고 멀리 돌아간 것이죠. 철길과 도로가 모두 끊어지고 높은 철조망에 가로막혀 있기 때문이에요. 딱 한 군데, 판문점을 통과한다면 곧바로 북한으로 갈 수 있지만, 감히 지나갈 수 있다고 생각한 사람은 없었습니다. 이 길을 처음으로 연 사람이 바로 현대 그룹의 당시 회장인 정주영입니다.

1998년 6월이었습니다. 그것도 소 500마리를 이끌고 말이죠. 왜 소 떼를 몰고 갔냐고요? 북한에서 나고 자란 정주영 회장은 어릴 적 꿈을 품고 아버지가 소를 판 돈 70원을 가지고 남으로 내려왔다고 합니다. 정주영 회장은 그때의 빚을 갚기 위해 귀향 길에 올랐다고 말했어요. 어떤가요? 한평생 간직한 고향 방문의 꿈을 너무나도 멋있고 기발한 방법으로 이루었지요?

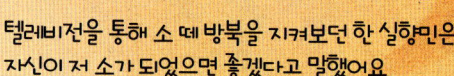

텔레비전을 통해 소 떼 방북을 지켜보던 한 실향민은 자신이 저 소가 되었으면 좋겠다고 말했어요.

금강산도 열리고

소 떼가 휴전선을 넘어간 지 5개월 뒤, 이번에는 바닷길을 따라 북한을 방문하는 사람들이 있었습니다. '금강호'라는 유람선을 타고 금강산 관광을 떠나는 사람들이었지요. 드디어 일반 국민들도 북한을 방문할 수 있게 된 것이에요.

금강산은 세계적으로도 유명한 관광 명소이지만 남한 주민들에게는 가고 싶어도 갈 수 없는 곳이었답니다. 그토록 그리운 금강산이 열리자마자 보름 만에 무려 3000여 명의 관광객이 몰렸습니다. 그중 많은 사람들이 북한에 가족을 두고 온 이산가족들이었다고 해요. 금강산 관광이 시작된 후 지금까지 무려 200만 명에 가까운 사람들이 금강산에 다녀왔다고 합니다.

금강산 관광은 단순한 여행 이상의 의미가 있어요. 금강산은 남한과 북한의 주민들이 함께 만나 서로 무엇이 비슷하고 또 무엇이 다른지 직접 느껴 볼 수 있는, 살아 있는 체험의 장이랍니다. 사진은 금강산의 최고봉인 비로봉이에요.

2003년부터는 배가 아닌 버스를 타고 금강산을 갈 수 있게 되었어요. 무슨 특별한 의미가 있냐고요? 당연하지요. 버스가 움직이려면 금강산으로 향하는 도로가 연결되어야 하잖아요. 바로 휴전선의 철조망과 지뢰를 없앴다는 이야기랍니다.

남북한이 함께 일하는 개성 공단

개성 공단은 서울에서 차로 두 시간이면 닿을 거리에 있습니다. 남한과 북한의 노동자들이 서로 도와 가며 일을 하고 있는 곳이지요. 개성 공단은 남한의 기술력과 자본, 북한의 토지와 노동력이 결합하여 서로가 함께 이익을 얻기 위해 만들어졌습니다.

특히 남한의 중소기업들에게는 아주 매력적인 곳이지요. 남한에서는 높아지는 인건비를 감당하지 못해 중국이나 동남아시아로 공장을 옮기는 기업들이 많답니다. 그런데 개성 공단에서는 같은 언어를 쓰며 손재주도 훌륭한 북한의 노동자들을 좀 더 낮은 비용으로 고용할 수 있어요.

북한에게도 개성 공단은 특별한 의미를 가지고 있습니다. 많은 전문가들은 북한이 경제난을 벗어나려면 개혁과 개방을 통해 시장 경제를 조금씩 도입해야 한다고 말합니다. 하지만 북한은 시장 경제라는 제도를 경험한 적이 없을 뿐 아니라, 자본주의가 들어오면 사회주의 체제가 흔들리지 않을까 두려워하고 있어요. 그런 면에서 개성 공단은 북한 사람들에게 시장 경제가 어떻게 움직이는지 가까이에서 살펴볼 수 있는 기회를 제공해 주지요.

사회주의 국가인 중국과 베트남도 시장 경제 제도를 도입할 당시 이렇게 특정 지역을 개방해서 외국의 기업들을 유치해 보곤 했어요. 그 결과 지금은 사회주의 체제를 유지하면서도 경제적인 발전을 누릴 수 있게 되었지요.

개성 공단이 위치한 자리는 군사적으로 요충지에 해당합니다. 원래 이곳에는 중무장한 군부대가 주둔해 있었다고 해요. 전쟁이 일어날 것에 대비해서 남한의 수도권을 향해 포탄을 쏘아 올릴 수 있도록 수많은 포들을 배치해 놓기도 했대요. 하지만 북한 당국은 개성 공단 사업을 위해서 군부대를 다른 곳으로 옮겼습니다. 이처럼 경제 협력 사업은 한반도의 긴장 완화에도 도움을 주고 있습니다.

남북한 철도가 다시 이어졌어요

2007년 5월 17일, 온 국민의 관심 속에서 경의선과 동해선 열차가 시험 운행되었어요. 경의선에서는 남측의 열차가 올라가고, 동해선에서는 북측의 열차가 내려왔지요. 긴 세월 동안 끊어진 채 지내온 한반도의 대동맥이 다시 연결된 거예요. 철도가 완전히 개통되려면 시간이 많이 걸리겠지만, 언젠가는 경의선을 타고 중국도 가고 멀리 유럽까지도 여행할 수 있는 날이 올 거예요.

2007년 5월 17일, 도라산역을 출발한 경의선 열차가 56년만에 군사 분계선을 넘어 북으로 향했습니다.

이 증기 기관차는 신의주와 서울을 오가던 열차였다고 해요. 6·25 전쟁이 한창이던 1950년 12월 31일, 미국군의 폭격을 맞아 탈선한 뒤, 50년이 넘도록 비무장 지대에 방치되어 있었어요. 지금은 경기도 파주시 문산읍 마정리에 있는 임진각 국민 관광지에 전시되어 있어요. 기관차 몸체에 무려 10000여 발의 총탄 자국이 남아 있어, 전쟁의 아픔을 생생하게 전해 주고 있습니다.

통일을 위해 땀 흘린 사람들

백범 김구는 남북이 분단되면 반드시 민족 간에 골육상쟁(가까운 혈족끼리 싸움)이 일어날 것이라고 예견하고, 남북의 단독 정부 수립을 끝까지 반대했습니다. 그리고 남북의 통일 정부 구성을 위해 38선을 건너갔습니다.

38선을 베고 쓰러질지언정, 김구

중국에서 힘겨운 망명 생활을 하며 조국의 독립을 위해 몸을 바쳤던 백범 김구. 하지만 김구는 갑작스런 일본의 항복 선언을 듣고도 기뻐할 수가 없었습니다. 일본으로부터 해방은 되었지만, 스스로 이뤄 낸 해방이 아니었기 때문이지요. 자주적인 독립 국가를 건설하지 못할 수 있다고 생각한 거예요. 김구의 불길한 예감은 현실이 되고 말았어요. 남쪽에서는 미국과 손잡은 이승만이, 북쪽에서는 소련의 지지를 받은 김일성이 따로 정부를 수립하려 했던 거예요.

1948년 4월, 김구는 단독 정부 수립을 막겠다는 일념으로 남북 협상을 위해 평양으로 향합니다. 평양에서 열린 '남북 연석 회의'에서 김구는 김일성을 비롯한 북한의 지도자들과 통일 정부 수립을 위한 4개항에 합의합니다. 그러나 이러한 노력에도 불구하고 5월 10일에 남한만의 총선거가 실시되고, 4개월 뒤 북한에서도 조선 민주주의 인민 공화국이 선포됐어요.

김구의 통일 정부 수립을 위한 노력은 실패하고 말았지만, 역사에 남긴 그의 발자국은 그 의미가 결코 작지 않아요. 김구의 통일에 대한 신념과 민족의 미래를 바라보는 긴 안목은 그 뒤 분단을 극복하는 평화 통일 운동의 밑거름이 되었습니다.

통일은 됐어, 문익환

조용한 신학자이자 시인이었던 문익환 목사는 1975년 여름, 오랜 친구였던 장준하가 의문의 변사체로 발견되자 큰 충격을 받고 유신 독재를 반대하는 재야 운동에 뛰어듭니다. 늦게 세상에 눈떴다고 해서 스스로 아호를 '늦봄'이라 붙였다고 하지요.

1989년 3월, 문익환 목사는 온 겨레를 깜짝 놀라게 하는 방북 사건의 주인공이 됩니다. 당시에는 정부 관료들조차도 비밀리에 북한 인사들과 접촉했던 시대였기에, 법을 어기고 방북한 문익환 목사를 비난하는 목소리가 컸어요. 하지만 문익환 목사의 방북으로 인해 많은 사람들이 '금단의 땅으로만 알고 있던 북한이 이토록 가까운 곳이었구나.'라고 생각하게 되지요. 그리고 꼭 정부 대표가 아닌 평범한 사람도 통일의 주역이 될 수 있다는 사실도 깨닫게 됩니다.

문익환 목사는 북한 김일성 주석과의 두 차례 회담을 갖고, 통일 방안의 원칙을 담은 '4·2 남북 공동 성명'에 합의하고 돌아옵니다. 4·2 남북 공동 성명은 이후 1991년에 '남북 기본 합의서'를 통해 구체화되었고, 2000년에 1차 남북 정상 회담을 실현시킨 김대중 대통령의 햇볕 정책으로 계승됩니다.

통일은 민족 최대의 과제, 장준하

문익환 목사의 친구인 장준하는 백범 김구의 통일 노선을 이어받아 민족의 평화와 화해를 위해 일평생을 바쳤습니다. 또한 장준하는 권력을 가진 사람만이 통일을 주도해서는 안 되며, '민중 스스로가 통일에 관여하고 따지고 밀고 나가야 한다'는 '민중 통일론'을 주장했습니다. 이러한 장준하의 통일론은 이후 문익환 목사를 비롯한 많은 통일 운동가들에게 계승되었습니다.

햇볕 정책과 김대중

1986년부터 노벨 평화상 후보에 열다섯 번이나 올랐던 김대중 대통령은 2000년 10월 14일, 우리나라 사람으로는 최초로 노벨 평화상 수상자가 되었습니다. 노벨상 위원회는 김대중 대통령이 한국의 민주화와 인권 신장, 북한과의 평화와 화해를 위해 노력한 점을 수상 이유로 들었습니다.

1989년 3월 27일, 북한의 평양시에 있는 주석궁에서 처음 만난 문익환 목사(왼쪽)와 북한의 김일성 주석이 반갑게 악수하고 있습니다.

2000년대 이후, 남북 간 교류와 협력은 크게 늘어났습니다. 한때는 금강산 관광객을 제외하더라도 매년 10만 명 정도가 북한을 방문했을 정도였습니다. 남한과 북한 사이의 무력 충돌도 잦아들었습니다. 이런 변화들을 몰고 온 것은 바로 김대중 대통령이 추진한 '햇볕 정책'이에요. 햇볕 정책은 '대북 포용 정책'이라고도 불리는데, 북한과 대결하지 않고 협력한다는 의미예요. 햇볕 정책의 대표적인 성과가 바로 '남북 경제 협력 3대 사업'이라고도 불리는 금강산 관광, 개성 공단 사업, 철도·도로 연결 사업이랍니다.

하지만 북한에 대한 오랜 적대 정책을 바꾸는 것이 쉬운 일은 아니었습니다. 많은 남한 사람들은 핵무기를 만드는 북한에 대해 보다 더 강경한 정책을 요구했어요. 그리고 북한에서도 햇볕 정책을 반대했다고 해요. 혹시 자신들의 체제를 자본주의로 바꿔서 흡수 통일하려는 것이 아닌지 의심한 거예요. 그러나 김대중 대통령은 자신의 철학을 일관되게 유지했어요. 서해 교전이 벌어지고 북한 잠수정이 침투하는 사건도 있었지만, 정치와 경제는 분리해서 대응한다는 원칙으로 경제 협력의 끈을 놓지 않은 거예요. 마침내 북한도 김대중 대통령의 정책을 신뢰하게 되었고, 역사적인 1차 남북 정상 회담이 성사된 것이지요.

"햇볕 정책은 참으로 지난한 사업입니다. 용기와 인내가 필요합니다. 정성과 지혜가 필요합니다. 수많은 난관을 헤쳐 나가야만 합니다. 그러나 나는 이것이 역사의 순리라고 생각합니다. 세계인의 바람이고 우리 민족이 사는 길이라고 생각합니다."

– 2001년 6월, '제1회 제주 평화 포럼' 중 김대중 대통령의 연설

햇볕 정책

햇볕 정책은 이솝 우화에서 따온 말이에요. 해와 바람이 지나가는 나그네를 두고 내기하는 이야기가 있지요? 바람이 세게 불수록 나그네는 옷깃을 더 여미려고 한 반면, 햇볕이 내리쬐자 옷을 벗고 말죠. 이와 같이 북한을 강한 바람(강경한 정책)으로 압박하기보다는 따뜻한 햇볕(대화와 협력)을 쬐어 스스로 변화할 수 있도록 돕는 것이 햇볕 정책의 목표입니다. 그렇게 되면 자연히 남한과 북한의 관계도 좋아지고 평화가 정착될 수 있다는 것이지요.

평화로 힘차게 도약하는 남과 북

한동안 지속되었던 화해 분위기는 위기를 맞습니다. 북한은 핵 실험을 거듭 강행했고 미사일 발사를 반복해 남한은 물론 다른 나라들의 반발을 불러왔습니다. 그러나 파국을 향해 치닫는 듯 보였던 남북 관계는 2018년 평창 올림픽을 계기로 반전합니다. 남과 북의 정상이 다시 만나고 미국과 북한의 정상 회담이 최초로 열리게 되지요.

얼어붙은 남북 관계

2000년과 2007년, 역사적인 정상 회담을 통해 남과 북은 오랜 불신과 적대를 해소할 수 있는 기틀을 마련했습니다. 하지만 평화가 뿌리내리지 못한 상황에서 남북 관계는 다시 후퇴하게 됩니다. 가장 직접적인 계기는 2008년 7월, 금강산을 방문한 남한 관광객이 북한군의 총에 맞아 숨지는 사건이에요. 이로 인해 금강산 관광은 중단되고 이후 천안함 피격 사건과 연평도 포격 사건이 연이어 발생하면서 남북 관계는 완전히 얼어붙고 말아요. 그사이 북한은 핵 개발과 미사일 발사 등에 더욱 열중하게 되었지요. 마침내 2016년 2월, 남한 정부는 햇볕 정책의 상징인 개성 공단 가동을 중단하기로 결정합니다.

핵무기를 실제로 사용할 수 있으려면 그것을 멀리까지 실어 나를 수 있는 미사일이 필요합니다. 그래서 북한은 오랫동안 다양한 미사일들을 시험 발사해 왔어요. 2017년 7월에 발사된 화성 14형과 11월에 발사된 화성 15형(사진)은 북한의 미사일 능력이 크게 향상되었음을 보여줍니다. 북한에서부터 미국 본토까지 단시간에 도달할 수 있는 대륙간탄도미사일(ICBM)이라 미국이 민감해 할 수밖에 없지요.

2016년 2월 10일, 대한민국 정부의 개성 공단 가동 중단 결정으로 입주 기업들이 부랴부랴 짐을 챙겨 떠나는 모습입니다. 남북 관계가 후퇴하면 경제 협력도 지속하기 힘들어지지요.

금강산 관광객 피격 사망 사건

2008년 7월 11일, 금강산 관광을 간 박왕자 씨가 새벽녘 해안을 산책하던 중 북한군 경비병의 총격으로 사망하는 사건이 발생했습니다. 북한은 박왕자 씨가 군사경계지역을 침범했다고 주장했지만, 남한은 민간인 관광객에 대해 지나친 대응을 한 것이 아닌지 조사를 요구했어요. 이 사건에 대한 정확한 진상은 아직도 알려지지 않고 있어요. 이 사건으로 남북 간의 교류가 급격하게 얼어붙게 됩니다.

평화의 물꼬를 튼 평창 올림픽

2018년 1월, 김정은 북한 국무위원장은 신년사를 통해 평창 올림픽에 대표단을 보낼 의사를 밝혔습니다. 이에 남측은 환영 의사로 남북 고위급 대화를 제의했어요. 꽁꽁 얼어붙은 남북 관계가 누그러지기 시작한 것이지요. 이러한 변화는 대회가 시작하기 불과 몇 달 전만 해도 상상하기 힘든 일이었어요. 북한의 핵실험과 미사일 실험이 반복되면서 평창에 선수단을 파견할지 말지 심각하게 고민했던 나라가 있었을 정도였으니까요. 북한이 선수단을 파견하고 올림픽 최초로 남북 단일팀도 구성되었습니다. 한번 물꼬가 터진 평화의 분위기는 남북 고위급 회담, 예술단 교류 등으로 이어집니다.

2018년 2월 9일, 대한민국 평창에서 열린 동계 올림픽의 개막식. 남북한 선수단이 함께 손을 잡고 입장하고 있습니다. 제일 앞에서 한반도기를 들고 있는 선수를 기수라고 하는데, 남측의 봅슬레이 대표인 원윤종 선수와 북측의 여자 아이스하키 황충금 선수가 공동 기수를 맡았어요. 국가 호칭은 남한도 북한도 아닌 '코리아(KOREA)'로 정했답니다.

평창 동계 올림픽 개막식에서 남북한 선수단의 동시 입장에 손을 흔들며 인사하고 있는 문재인 대통령(사진 아래 왼쪽)과 김정숙 여사(사진 아래 오른쪽), 그리고 김정은 위원장의 여동생인 김여정 노동당 부부장(사진 위 오른쪽)과 김영남 최고인민회의 상임위원장(사진 위 왼쪽)의 모습입니다. 평창 올림픽 개막식에 참석하기 위해 방한한 김여정 부부장과 김영남 상임위원장은 특사 자격으로 문재인 대통령을 만나 3차 남북 정상 회담을 제안하는 김정은 위원장의 친서를 전달합니다.

판문점에서 만난 남북 정상

2018년 4월 27일, 전 세계의 눈이 판문점을 향했습니다. 분단의 상징, 2007년 이후 11년 만에 다시 남과 북의 정상이 만나기로 한 것입니다. 회담을 마친 북한의 김정은 국무위원장과 남한의 문재인 대통령은 판문점 남측 지역 '평화의 집'에서 판문점 선언을 함께 발표하고 "한반도에 더 이상 전쟁은 없을 것"이라고 약속했습니다.

평양에서 다시 열린 남북 정상 회담

2018년 한 해 동안 판문점 남측과 북측에서 각각 한번씩 회담을 가진 남북 정상은 9월에 평양에서 정상 회담을 열고 이전보다 더 진전된 합의를 이뤄 냈습니다. 6개 조항으로 이루어진 평양 공동 선언은 군사적 긴장을 줄이는 구체적 방안과 한반도의 비핵화, 남북 교류를 확대하는 방안이 포함되었습니다.

판문점에서 열린 2018년 1차 남북 정상 회담에서 두 정상이 손을 맞잡고 군사 분계선을 넘어가고 있습니다. 분단 이후 북한의 지도자가 군사 분계선 이남으로 내려온 것은 이번이 처음이라고 해요. 문 대통령이 북측으로 잠시 건너가고, 다시 김 위원장과 함께 남측으로 넘어오는 모습은 많은 사람들에게 놀라움과 감동을 주었습니다.

평양 공동 선언문

1. 남과 북은 비무장 지대를 비롯한 대치 지역에서의 군사적 적대 관계 종식을 한반도 전 지역에서의 실질적인 전쟁 위험 제거와 근본적인 적대 관계 해소로 이어 나가기로 하였다.
2. 남과 북은 상호 호혜와 공리 공영의 바탕 위에서 교류와 협력을 더욱 증대시키고, 민족 경제를 균형적으로 발전시키기 위한 실질적인 대책들을 강구해 나가기로 하였다.
3. 남과 북은 이산가족 문제를 근본적으로 해결하기 위한 인도적 협력을 더욱 강화해 나가기로 하였다.
4. 남과 북은 화해와 단합의 분위기를 고조시키고 우리 민족의 기개를 내외에 과시하기 위해 다양한 분야의 협력과 교류를 적극 추진하기로 하였다.
5. 남과 북은 한반도를 핵무기와 핵 위협이 없는 평화의 터전으로 만들어 나가야 하며 이를 위해 필요한 실질적인 진전을 조속히 이루어 나가야 한다는 데 인식을 같이 하였다.
6. 김정은 국무위원장은 문재인 대통령의 초청에 따라 가까운 시일 내로 서울을 방문하기로 하였다.

문재인 대통령과 김정은 북한 국무위원장이 '평양 공동 선언'을 발표한 뒤 합의문을 교환하고 있는 모습이에요.

북한과 미국의 정상이 만나다

판문점에서 불어온 훈풍은 70년 가까이 대립해 온 북미 관계도 녹이기 시작했습니다. 역사적인 첫 북미 정상 회담이 열리게 된 것이에요. 2017년까지만 해도 미국의 트럼프 대통령은 김정은 위원장을 '로켓맨'(핵과 미사일에 집착하는 성향을 비꼰 표현)이라고 부르며 북한을 공격할 가능성까지 내비쳤습니다. 그러나 2018년 초부터 시작된 남북한 화해 분위기는 트럼프 대통령의 생각을 바꿔 놓았어요. 마침내 2018년 6월 12일, 싱가포르에서 북한과 미국의 정상은 '완전한 비핵화'와 '새로운 북미 관계 수립'이 담긴 공동 성명에 서명을 하게 됩니다.

북미 관계는 왜 중요할까요?

한반도에 진정한 평화가 뿌리내리기 위해서는 남북 사이의 관계만 회복되는 것으로는 부족합니다. 한국전쟁에 관여한 나라가 남북한만이 아니기 때문이에요. 그래서 우리 정부는 북한은 물론 미국과 중국이 종전 선언(전쟁을 끝낸다는 선언)과 평화 협정에 참여하도록 노력하고 있는 것이지요. 북미 관계가 개선되지 못하면 남북 관계도 더 앞으로 나아가지 못합니다. 북한에 대한 경제 제재가 풀려야만 본격적인 경제 협력을 할 수 있기 때문이에요.

2018년 6월 12일, 싱가포르에서 공동 합의문 서명식을 진행하고 있는 도널드 트럼프 미국 대통령(오른쪽)과 김정은 북한 국무위원장의 모습.

제 2차 북미 정상 회담

1차 북미 정상 회담이 끝난 지 8개월 만에 베트남 하노이에서 북미 정상들이 다시 만났습니다. 많은 기대 속에 시작된 2차 회담에서 아쉽게도 두 정상은 합의점을 찾지 못하고 헤어졌어요.

북한은 경제 제재를 먼저 풀어 주기를 원했고, 미국은 북한이 먼저 비핵화를 해야 한다고 주장했습니다. 팔레스타인이나 북아일랜드 등 세계 여러 평화 협정 사례들을 보면 마지막 협정에 서명을 하기까지 많은 시간과 인내가 필요했음을 알 수 있어요. 그럼에도 불구하고 대화와 협상을 통한 문제 해결이 가장 비용이 덜 들고 안전한 방법이지요.

경제 제재란?

경제 제재란 특정한 나라의 경제 활동에 제한을 두는 것을 말해요. 잘못된 행위를 더는 반복하지 않도록 기한을 두고 벌칙을 주는 거지요. 국제 사회는 그 동안 유엔을 통해서 북한에 대해 여러 제재를 내렸어요. 북한의 핵 개발과 미사일 시험 발사 등이 국제 사회가 합의한 규칙을 어겼기 때문이에요. 그래서 북한은 외국과의 교역이나 금융 거래 등에서 많은 제약을 받고 있고, 이것은 북한의 경제 상황을 더욱 어렵게 하고 있습니다.

제4장

통일, 어떻게 할 수 있을까요?

통일을 이룬 나라들의 교훈

우리 민족처럼 분단되었다가 통일된 나라들이 있습니다. 독일, 베트남, 예멘이 그런 나라들이에요. 세 나라 모두 제2차 세계대전 이후 동서 냉전 체제 아래에서 분단을 경험하다 통일을 이룬 나라들입니다. 이 나라들이 통일을 하는 과정은 결코 순탄치 않았습니다. 전쟁을 겪기도 했고, 통일에 따른 후유증으로 힘든 시절을 보내야 했어요. 하지만 이들의 통일 경험은 우리에게 많은 교훈을 주고 있습니다.

전쟁의 책임을 물어 분단된 독일

독일은 제2차 세계대전의 패전국(싸움에 진 나라)입니다. 유럽의 이웃 나라들은 물론 전 세계에 막대한 피해를 입힌 독일은 패전의 책임을 져야 했어요. 전쟁에서 이긴 나라들은 독일이 더 이상 전쟁을 일으키지 못하도록 두 지역으로 나누어 관리하기로 했지요. 물론 동서 냉전 체제로 인한 미국과 소련의 힘겨루기도 독일 분단의 원인으로 작용했지요. 결국 독일은 자본주의 체제인 '서독'과 사회주의 체제인 '동독'으로 나뉘게 됩니다.

1961년에 동독에서 베를린 장벽을 건설해요. 베를린 장벽은 독일 분단의 상징이 되었지요.

서독이 동독을 흡수한 독일 통일

동독과 서독은 한때 서로 다른 체제와 적대적인 정책으로 많은 갈등을 빚었지만, 1972년의 정상 회담을 통해 서로를 인정하는 '기본 조약'을 체결합니다. 이러한 변화는 서독의 빌리 브란트 총리가 추진한 '동방 정책' 때문이었어요. 동방 정책이란 사회주의 국가인 동독 및 동유럽 국가들과의 관계 개선, 경제 지원, 교류 협력의 확대 등을 추구하는 외교 정책을 말해요. 훗날 북한에 대해 햇볕 정책을 추진한 김대중 대통령은 바로 이 동방 정책에서 많은 아이디어를 얻었다고 해요.

동방 정책은 누구보다도 동독 주민들의 생활에 큰 영향을 미치게 됩니다. 기본 조약이 체결된 이후로 수백만 명이 왕래하게 되었고, 텔레비전이나 라디오를 통해 서독의 발전된 사회 모습을 볼 수 있게 되었지요. 1989년에 이르러 동독 주민들은 동독의 민주화와 개혁을 요구하며 시위를 벌이고, 일부 주민들은 서독으로 탈출하기 시작했습니다.

마침내 1989년 11월 9일에 베를린 장벽이 붕괴되고, 1990년 8월에 '통일 조약'을 체결함으로써 공식적인 통일이 이루어지게 되었어요. 독일의 통일은 서독의 우월한 경제력을 바탕으로 동독을 평화적으로 흡수 통일한 사례라고 평가되고 있습니다.

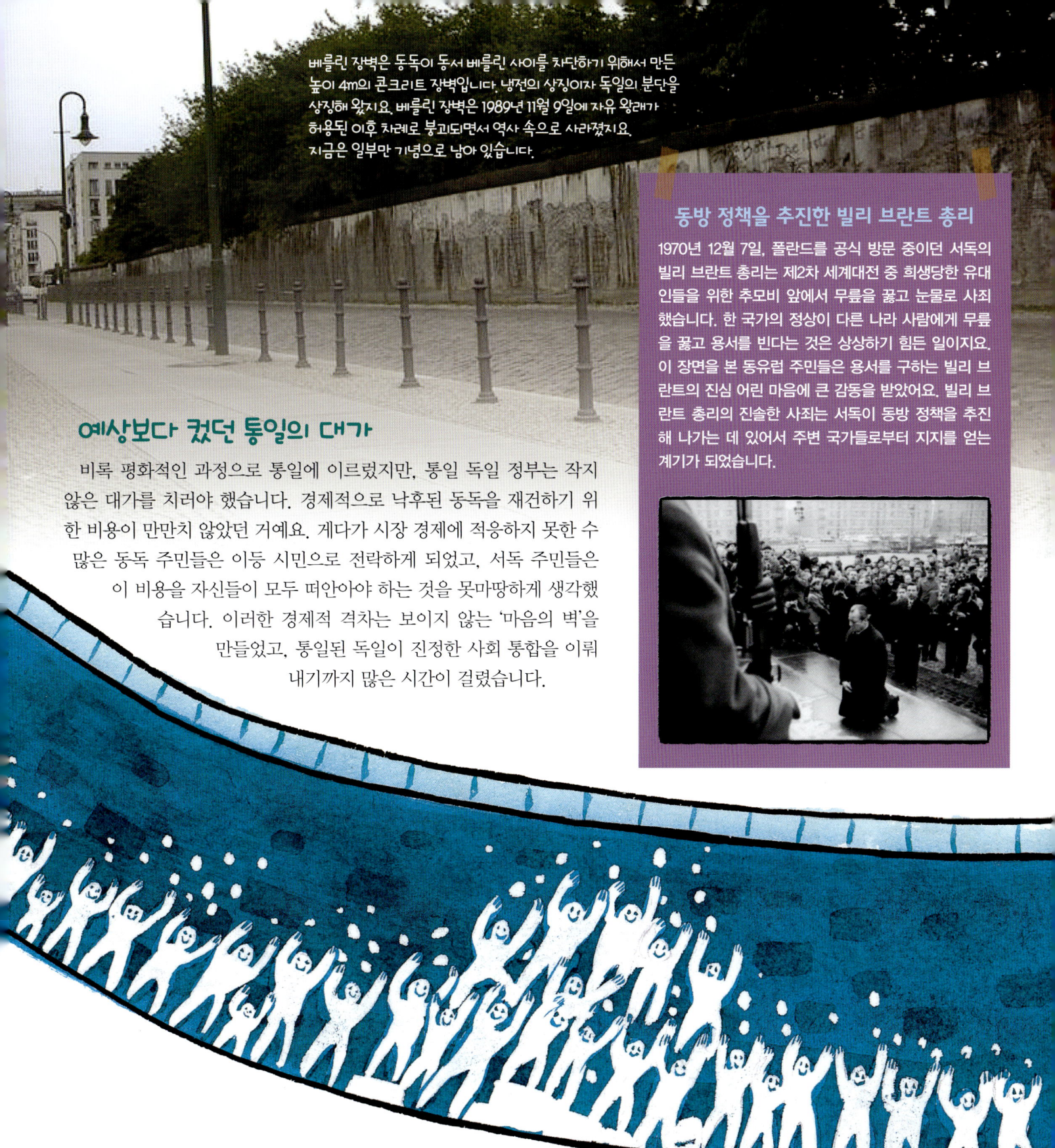

베를린 장벽은 동독이 동서 베를린 사이를 차단하기 위해서 만든 높이 4m의 콘크리트 장벽입니다. 냉전의 상징이자 독일의 분단을 상징해 왔지요. 베를린 장벽은 1989년 11월 9일에 자유 왕래가 허용된 이후 차례로 붕괴되면서 역사 속으로 사라졌지요. 지금은 일부만 기념으로 남아 있습니다.

예상보다 컸던 통일의 대가

비록 평화적인 과정으로 통일에 이르렀지만, 통일 독일 정부는 작지 않은 대가를 치러야 했습니다. 경제적으로 낙후된 동독을 재건하기 위한 비용이 만만치 않았던 거예요. 게다가 시장 경제에 적응하지 못한 수많은 동독 주민들은 이등 시민으로 전락하게 되었고, 서독 주민들은 이 비용을 자신들이 모두 떠안아야 하는 것을 못마땅하게 생각했습니다. 이러한 경제적 격차는 보이지 않는 '마음의 벽'을 만들었고, 통일된 독일이 진정한 사회 통합을 이뤄 내기까지 많은 시간이 걸렸습니다.

동방 정책을 추진한 빌리 브란트 총리

1970년 12월 7일, 폴란드를 공식 방문 중이던 서독의 빌리 브란트 총리는 제2차 세계대전 중 희생당한 유대인들을 위한 추모비 앞에서 무릎을 꿇고 눈물로 사죄했습니다. 한 국가의 정상이 다른 나라 사람에게 무릎을 꿇고 용서를 빈다는 것은 상상하기 힘든 일이지요. 이 장면을 본 동유럽 주민들은 용서를 구하는 빌리 브란트의 진심 어린 마음에 큰 감동을 받았어요. 빌리 브란트 총리의 진솔한 사죄는 서독이 동방 정책을 추진해 나가는 데 있어서 주변 국가들로부터 지지를 얻는 계기가 되었습니다.

큰 희생을 치르고 통일을 이룬 베트남

베트남은 1885년부터 1945년까지는 프랑스의 식민 지배를 받았고, 1940년부터는 일본의 침략도 함께 받았습니다. 일본이 패망하자, 식민 지배 아래에서 독립운동을 이끈 호찌민은 '베트남 민주공화국'을 선포합니다. 그러나 곧이어 프랑스가 베트남을 다시 식민지로 삼으려 했지요. 9년간의 전쟁 끝에 베트남은 프랑스로부터 항복 선언을 받아 냈지만 남북으로 분할되는 아픔을 겪게 됩니다. 북쪽에는 중국과 소련의 후원을 받는 사회주의 국가 북베트남이, 남쪽에는 미국의 후원을 받는 남베트남 정부가 수립되었어요.

남북으로 분단된 상황에서 1964년, 미국의 '통킹 만 폭격'으로 북베트남(월맹)과 남베트남(월남)·미국 간의 본격적인 전쟁이 발생하게 됩니다. 우리나라 정부도 파병에 동참했던 '베트남 전쟁'이 일어난 것이지요. 세계 최강국인 미국의 참전에도 불구하고 전쟁은 북베트남의 승리로 끝나고 베트남은 통일되었어요. 하지만 10여 년이 넘도록 진행된 전쟁은 엄청난 희생을 낳았습니다. 뿐만 아니라 통일 이후에도 황폐화된 국토와 파괴된 생산 시설을 복구하는 데 많은 세월을 보내야 했지요.

통킹 만 사건

1964년 8월, 베트남 동쪽에 위치한 통킹 만에서 북베트남 경비정과 미국 해군 구축함 사이에 해상 전투가 발생합니다. 미국은 자국의 구축함이 북베트남으로부터 먼저 어뢰 공격을 받았다고 주장했어요. 이 사건을 계기로 미국 의회는 대통령에게 전쟁을 수행할 수 있는 모든 권한을 위임하게 됩니다.
이후 10년 간 수백만의 목숨을 앗아 간 베트남 전쟁이 바로 이 통킹 만 사건으로 인해 시작된 것이나 다름없지요. 하지만 최근에 공개된 비밀 문서들에 의하면 북베트남의 어뢰 공격은 실제로 없었거나 미국에 의해 과장되었을 가능성이 높은 것으로 드러났습니다. 통킹 만 사건은 분단과 냉전이라는 상황이 얼마나 전쟁에 취약할 수 있는지 잘 보여 주는 사례입니다.

베트남 민주공화국의 초대 대통령인 호찌민이에요.

남북 예멘 지도자들은 통일 협상에서 정치 권력을 어떻게 배분할지에 치중한 나머지, 두 체제를 어떻게 단계적으로 통합시킬지에 대한 구체적인 안을 가지고 있지 않았습니다. 준비되지 않은 통일은 더 큰 비극을 불러올 수 있습니다.

협상과 내전을 반복한 예멘

예멘은 아라비아 반도 남쪽에 위치한 국가로 유럽과 아시아, 아프리카를 연결하는 중요한 위치에 있습니다. 예멘 역시 강대국의 식민 통치에 의해 나뉘었습니다.

16세기 초부터 오스만 제국의 지배를 받은 예멘은 제1차 세계대전 후 오스만 제국이 철수하자 북쪽이 먼저 독립합니다. 남쪽은 1967년, 영국으로부터 독립하게 되지요. 독립 후에 북예멘에는 이슬람교를 중심으로 하는 자본주의 체제가 들어섰고, 남예멘에는 사회주의 체제가 자리 잡게 됩니다. 하지만 남북 예멘은 끈질긴 협상을 벌인 끝에, 1990년 5월에 통일을 선포합니다. 그러나 오래가지 못하고, 1994년에 내전이 벌어지고 말았답니다. 이 내전에서 북예멘이 승리하면서 남북 예멘은 재통합을 이루게 되지만 그 과정에서 수많은 사상자를 내게 됩니다.

협상으로 통일을 이루고도 다시 내전을 치른 예멘의 통일 사례는 정치 지도자들 간의 합의로 이루어진 통일이 얼마나 불안한가를 말해 주고 있습니다.

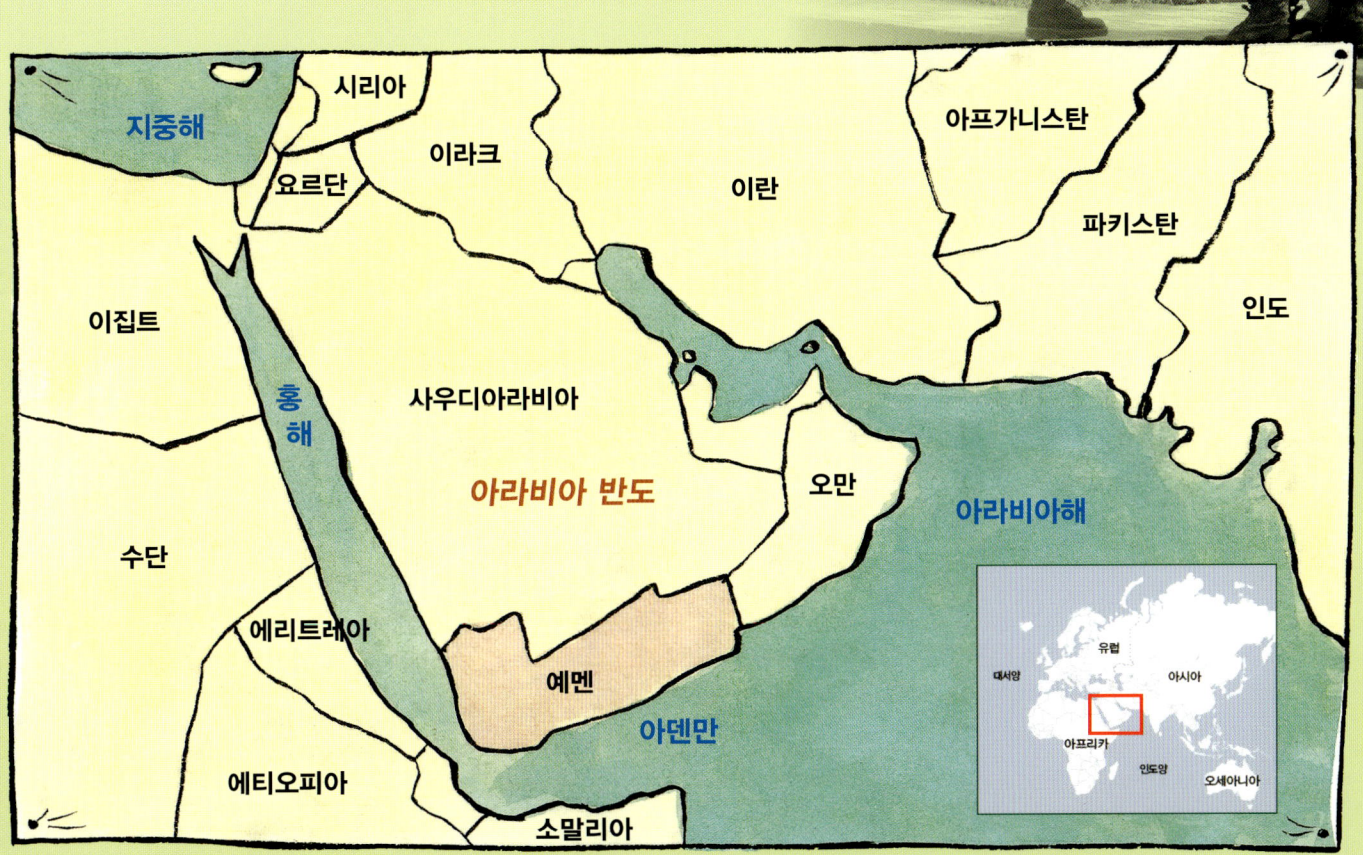

남한과 북한의 통일 방안은 어떻게 다를까요?

'통일 방안'이란 통일 과정을 제시하는 큰 그림을 말합니다. 남한과 북한은 평화적인 통일에 대한 원칙에는 합의했지만, 어떻게 통일을 달성할지에 대해서는 오랫동안 팽팽하게 대립해 왔어요. 서로 자기에게 유리한 쪽으로 통일 방안을 제시하려 했기 때문이에요. 하지만 정상 회담 이후 남북한의 화해 분위기가 자리 잡히면서 조금씩 남한과 북한의 의견 차이가 좁혀지고 있어요.

남한의 통일 방안

우리 정부는 '연합제 통일 방안'을 제시하고 있어요. '민족 공동체 통일 방안'이라고도 불리는 우리 정부의 통일 방안은 '하나의 민족 공동체를 건설하는 것을 목표로 통일을 점진적·단계적으로 이루어 나간다'는 의지를 반영한 것이에요. 그래서 통일 과정을 크게 3단계로 나누고 있답니다. 각각의 단계를 살펴보면, 1단계는 '화해·협력 단계', 2단계는 '남북 연합 단계', 3단계는 '통일 국가 완성 단계'라고 부르지요.

1단계인 '화해·협력 단계'는 남북한이 적대와 불신을 줄이고 평화적으로 공존하는 단계입니다. 2단계인 '남북 연합 단계'는 화해·협력 단계에서 쌓아 놓은 상호 신뢰를 바탕으로 남북의 교류와 협력을 제도화시키는 단계예요. 두 개의 체제와 정부는 그대로 두지만 '남북 연합'이라는 과도기적 통일 체제를 만들어서 남한과 북한이 하나의 공동 생활권이 되도록 한다는 것입니다. 마치 '유럽 연합(EU)'이라는 지붕 아래 하나의 지역 공동체가 된, 유럽 국가들처럼 말이죠. 3단계인 '통일 국가 완성 단계'는 앞의 두 단계를 거치는 동안 무르익게 된 통일 여건을 바탕으로 남북한 총선거를 통해 통일 국회를 구성하고 통일 정부도 수립하는 단계입니다. 드디어 '1민족 1국가'의 통일 국가가 되는 것이지요.

1982년 1월 22일, 우리 정부는 처음으로 구체적인 통일 방안을 제시했어요. 이것이 바로 당시 전두환 대통령이 국정 연설에서 발표한 '민족 화합 민주 통일 방안'입니다.

1988년 7월, 당시로서는 획기적인 통일 방안이 담긴 특별 선언이 발표됩니다. '더 이상 북한을 대결의 상대가 아닌 선의의 동반자로 간주하고, 남한과 북한이 함께 번영할 수 있는 민족 공동체로 발전해 나가자'는 내용이었지요. 이 선언을 '민족 자존과 통일 번영을 위한 대통령 특별 선언(7·7 선언)'이라고 합니다. 사진은 당시의 노태우 대통령이에요.

1994년 8월 15일, 광복절 경축사를 하고 있는 당시 김영삼 대통령의 모습이에요. 이날 제시된 '민족 공동체 통일 방안'은 우리 정부의 공식적인 통일 방안으로 확정되어 지금까지 계승되고 있습니다.

1960년 8월에 북한은 남북한 자유 총선거와 연방제를 제안합니다. 그 후 1980년 10월 10일, 북한은 제6차 노동당 대회에서 '고려 민주 연방 공화국 창립 방안'을 제시합니다.

북한의 통일 방안

북한의 통일 방안은 우리와는 달리 완전한 단일 국가가 아닌 연방 국가를 최종 단계로 제시하고 있습니다. 남한과 북한의 체제와 정부를 그대로 유지하면서 그 위에 하나의 통일 기구를 구성하자는 것이에요. 이렇게 '1국가 2체제'의 과도적인 연방 국가를 구성한 다음, 완전한 통일은 후대에 일임하자는 것입니다. 우리의 통일 방안보다 훨씬 소극적인 방안이 아닐 수 없습니다. 그 이유는 국력이 약한 북한이 독일 통일과 같이 일방적으로 흡수 통일되는 것을 원치 않기 때문이에요. 만약 남한과 북한의 주민들이 자유롭게 왕래하게 된다면 동독이 그랬던 것처럼 북한 체제가 무너질 수도 있다고 본 것이죠. 북한이 겉으로 내세우는 통일 방안에는 이러한 속사정이 있습니다. 이것을 무시하고 무조건 우리의 방안을 따르라고 주장해선 안 되는 까닭입니다.

1990년대로 들어오면서 북한의 통일 방안은 변화를 보입니다. 1991년에 북한의 김일성 주석은 신년사를 통해 '1국가 2체제'의 통일 방안을 제시하며 체제의 통일은 후대에 맡기는 느슨한 연방제 안을 제시합니다.

서로 공통점이 있다고 인정했어요

씨름 선수들이 '샅바 싸움' 하는 것을 보셨나요. 체제 경쟁이 심했던 시절, 남한과 북한은 서로의 통일 방안을 가지고 일종의 샅바 싸움을 했습니다. 서로가 수용하기 어려운 방안을 제시하며 주도권을 잡으려고 했다는 뜻이에요. 그러다 보니 통일을 하기 위해서 마련한 통일 방안이 오히려 통일을 가로막는 장애물이 되기도 했지요. 서로에 대한 신뢰가 부족하다 보니 상대방의 진실성을 의심한 거예요. 신뢰 없이는 아무리 좋은 방안을 만들어 낸다 해도 결코 실행에 옮길 수 없답니다.

다행히 지난 2000년, 1차 남북 정상 회담에서 남한과 북한은 서로의 통일 방안에 공통점이 있다는 점을 인정하게 되었습니다. 두 방안이 차이는 있지만 모두 과도기적인 중간 단계를 설정하고 있다는 점에서 비슷하다고 본 것이지요. 이제 남은 과제는 우리 사회에서 통일 방안에 대한 합의를 이뤄내는 것입니다.

주변 국가들은 우리의 통일을 어떻게 보고 있나요?

한반도의 통일은 남한과 북한만의 문제가 아닙니다. 우리의 문제인 동시에 국제적인 문제이기도 하지요. 한반도는 주변 국가들의 이해 관계에 따라 크고 작은 영향을 받을 수밖에 없는 곳에 위치해 있기 때문이에요. 따라서 통일을 위해서는 주변 강대국들의 이해관계와 국제 질서가 어떻게 변화하고 있는지 큰 틀에서 살펴보아야 합니다.

실리를 중시하는 탈냉전 시대

1980년대 말 이후, 당시 소련을 비롯한 사회주의권 국가들이 붕괴하게 됩니다. 냉전 체제 아래에서 한 축을 이뤘던 동구권 국가들이 무너져 내린 것이지요. 미국과 소련 중심의 동서 냉전 해체로 인해 국제 질서는 크게 변화합니다. 그래서 오늘날의 국제 질서를 '탈냉전 시대'라고 부릅니다.

탈냉전 시대에도 미국의 힘은 여전히 강하지만, 혼자의 힘만으로 세계 질서를 이끌 수는 없게 되었어요. 그래서 유럽 연합, 중국, 일본 등 여러 국가들이 힘을 나눠 갖게 되는 국제 질서가 만들어졌지요. 또한 냉전 시대에는 이념이나 정치군사력을 중요시했다면, 탈냉전 시대의 국가들은 경제력과 과학 기술력을 바탕으로 실리(실제로 얻는 이익) 위주의 외교를 펼치고 있어요. 이렇게 변화된 국제 질서는 한반도 통일 문제에 영향을 주는 중요한 요인이 되고 있습니다.

자국의 이익에 따라 행동하는 국가들

지금 우리가 살고 있는 세계 질서에서는 더 이상 어느 체제인지, 어느 편인지가 중요하지 않아요. 자국의 이익에 따라 좋았던 관계가 나빠지기도 하고, 그 반대가 되기도 하지요. 전 세계 모든 나라들이 자국의 이익을 높이기 위해서 다른 나라와 협력하기도 하고 경쟁하기도 합니다.

적극적으로 찬성도 반대도 하지 않아요

주변 국가들은 우리의 통일에 대해 어떤 입장을 가지고 있을까요? 한마디로 적극적으로 찬성하지도, 반대하지도 않고 있어요. 공식적으로는 모두들 한반도의 평화적 통일을 지지하고는 있습니다. 하지만 실제로는 남북한이 지금처럼 분단된 상태를 유지하는 것도 나쁘지 않다고 생각하고 있을지 모릅니다.

대부분의 주변 국가들은 한반도가 통일되는 과정에서 동북아시아의 평화와 안정이 깨지지 않을까 걱정하고 있어요. 자칫 한반도에 전쟁이 일어나거나 대량 난민이 발생하는 일이라도 생기면 자신들에게도 결코 좋은 일이 아니기 때문이에요.

또 남북한이 하나의 국가가 되면 그만큼 자신들이 행사할 수 있는 영향력이 줄어들지 않을까 우려하기도 하지요. 너무 이기적이라고요? 지금 우리가 살고 있는 국제 질서 아래에서는 어쩌면 당연한 현상이라고 생각할 수밖에 없어요.

남북한이 힘을 합하면 반대할 수 없어요

한반도의 주변 국가들이 남북한의 통일에 대해 소극적인 입장을 가지고 있는 것은 사실입니다. 하지만 통일의 주체는 남한과 북한입니다. 결국 우리에게 달려 있다는 것이지요. 주변 국가들이 자신들의 이해관계 때문에 우리의 통일을 탐탁지 않게 생각한다 하더라도 남북한이 뜻을 합쳐 평화적인 통일을 추진한다면 그들도 반대할 명분이 없겠지요. 중요한 것은 '주변 국가들이 어떤 생각을 갖고 있는지'가 아니라 '남한과 북한이 얼마나 자주적으로 통일 문제를 풀어 갈 준비가 되어 있는지'랍니다.

주변 국가의 협력을 얻어 내야 해요

한반도의 통일 문제는 주변 국가들에게도 큰 관심사입니다. 남한과 북한이 통일되면 동북아시아 지역에 강력한 군사력을 가진 국가가 등장하지 않을까 염려하는 것이지요. 따라서 주변 국가들의 협력을 얻어 내기 위해서는 한반도의 통일이 동북아시아의 평화에도 도움이 된다는 것을 설득할 수 있어야 해요. 그리고 남한과 북한이 먼저 군사적 긴장을 완화하고 군비를 축소하는 등 평화로운 통일 국가를 건설하겠다는 의지를 행동으로 보여 줘야 하겠습니다.

또한 통일된 한반도는 어느 한 국가에 지나치게 의존하거나 적대적인 관계를 유지하는 것이 아니라, 균형 잡힌 외교를 통해서 동북아시아 지역의 평화와 안정에 기여할 수 있어야 합니다. 그래야 주변 국가들이 우리를 신뢰하고 통일을 도와줄 수 있을 거예요.

군비 축소

군비 축소는 줄여서 '군축'이라고 합니다. 서로를 겨누고 있는 무기를 협상을 통해서 함께 없애거나 줄여 나가는 것을 말합니다. 군축을 하게 되면 소모적인 비용을 줄일 수 있고, 전쟁의 가능성도 그만큼 줄어들게 되지요.

남북한 군대와 무기의 70% 이상이 휴전선 부근에 밀집해 있습니다. 작고 우발적인 충돌이라도 곧 대규모 전쟁으로 이어질 수 있습니다. 한반도의 평화를 위해서 서로의 군대를 후방으로 옮기고 공격용 무기를 줄여야 합니다.

제 5 장

통일,
어떻게 준비해야 할까요?

전쟁 없는 한반도를 만들어요

남북한은 전쟁을 일시적으로 중단한 휴전 상태를 70년 가까이 유지하고 있습니다. 이러한 불안정한 평화 속에서 남한과 북한은 꾸준히 무기를 만들고 전쟁에 대비한 군사 훈련을 해 왔어요. 한반도는 세계적으로도 가장 높은 군사력 밀집 지역이기도 해요. 따라서 한반도에 다시는 전쟁이 일어나지 않도록 평화를 제도화하는 작업은 평화적인 통일을 위해 반드시 거쳐야 하는 과정입니다.

전쟁을 끝내는 약속, 평화 협정

우리는 종종 좋았던 남북한 관계가 일순간에 악화되는 것을 목격하곤 합니다. 이렇게 남북한 관계가 쉽게 흔들리는 이유는 여전히 남한과 북한 사이에 군사적인 긴장이 높기 때문이에요. 대표적으로 북한이 핵실험을 강행하거나 미사일을 발사할 때, 남한이 미국과 함께 군사 훈련을 할 때 남북한 관계가 나빠지는 것을 볼 수 있어요. 따라서 남한과 북한의 군사적인 긴장을 완화하고 평화를 제도적으로 정착시키는 노력이 필요해요.

이처럼 더 이상 서로를 위협하거나 침략하지 않겠다는 약속을 하는 것을 '평화 협정'이라고 해요. 지금까지는 전쟁을 잠시 멈춘다는 휴전 협정으로 불안정한 평화를 유지했다면, 이제는 전쟁이 완전히 끝났다는 선언과 함께 진정한 평화를 수립하는 평화 협정을 체결하는 것이 필요해요.

> 남한과 북한 사이에 평화 협정이 맺어지기 전까지 한반도의 전쟁 가능성은 사라지지 않을 것입니다.

평화 협정은 4개국이 함께

평화 협정이 제대로 효력을 발휘하려면 남한과 북한은 물론, 6·25 전쟁의 당사국인 미국과 중국이 함께 서명해야 합니다. 그러나 평화 협정의 주체는 어디까지나 남한과 북한이 되어야 합니다.

핵무기 없는 한반도를 만들어요

현재 북한은 이미 수십 기의 핵무기를 보유하고 있는 것으로 알려져 있습니다. 북한의 핵 개발은 우리에게도 위협이 되지만, 동북아시아의 다른 나라들이 군비 경쟁에 뛰어들 수 있는 빌미를 제공하기도 해요. 만약 북한의 핵 개발을 이유로 일본까지도 핵을 보유하겠다고 나선다면 동북아시아는 물론 전 세계의 평화는 매우 위태로워지고 말 거예요.

미국을 중심으로 한 국제 사회는 북한이 핵을 포기하도록 강력한 제재를 가하고 있지만, 북한은 미국의 대북 적대 정책으로부터 자신들을 지키기 위해 핵을 가져야 한다고 맞서고 있어요. 다행히 대화와 협상을 통해 이 문제를 풀고자 하는 노력은 계속되어 왔어요.

2003년부터는 미국을 비롯한 중국, 일본, 러시아, 그리고 남북한이 함께 모여 '6자 회담'을 열고 머리를 맞댔어요. 이러한 협상 끝에 나온 결론은 '북한은 핵을 단계적으로 포기하는 대신 다른 국가들은 북한의 안전을 보장하고, 물질적으로 보상한다'는 것이에요. 문제는 무엇을 먼저 하느냐예요. 북한은 자신들이 핵을 먼저 포기했을 때 체제가 무너지지 않을까 두려워하고 있어요. 반면 미국은 북한이 실제로 핵을 없애지 않고 보상만 얻어가는 것은 아닌지 의심하고 있고요. 이 두 나라가 서로의 불신을 해소하고 타협점을 찾아갈 수 있도록 여러 나라들의 관심과 협력이 필요해요. 그 중에서도 우리 나라의 역할이 가장 중요하지요.

군대와 무기도 줄여요

한반도에서 또다시 전쟁이 일어난다면 어떻게 될까요? 전문가들은 그 피해가 6·25 전쟁의 80배에 달하고 전쟁 시작 일주일만에 200만 명 이상이 숨질 것이라고 예상하고 있어요.

남한과 북한이 보유한 무기는 방어를 위한 목적을 훨씬 뛰어넘는 굉장한 화력을 가지고 있어요. 특히 남북한의 병력이 대부분 휴전선 근처에 집중적으로 배치되어 있어서 세계 어느 곳보다도 긴장의 수준이 높아요. 따라서 통일을 하기에 앞서 남북한의 군사력을 점차적으로 줄여 가는 과정이 반드시 필요해요. 그렇게 된다면 막대한 예산과 비용을 줄여 남북한 주민들 삶의 질을 높일 수 있게 되고, 동북아시아 지역의 평화와 안정에도 기여할 수 있을 거예요.

핵우산이 뭐예요?

남한은 현재 핵무기가 없지만 핵공격을 받게 되면 우방국(서로 우호적인 관계를 맺고 있는 나라)인 미국이 대신 핵무기로 보복 공격을 할 수 있게 되어 있습니다. 이것을 '핵우산'이라고 합니다.

한반도 비핵화 공동 선언

남북한은 이미 오래 전인 1991년, '한반도 비핵화 공동 선언'을 통해 한반도에서 핵무기를 보유하거나 저장하지 않겠다고 약속했습니다.

제네바 합의

1993년, 북한의 영변에서 핵 개발이 이뤄지고 있다는 사실이 밝혀졌습니다. 한때 북한과 미국 사이에 군사적 긴장이 고조되기도 했지만, 1994년 두 나라는 중립국인 스위스의 제네바에서 핵 문제 해결을 위한 외교적 합의를 이룹니다. 북한은 핵 개발을 포기하고 미국은 대신 북한에게 중유를 제공해 준다는 내용이었어요. 하지만 이후 두 나라 모두 약속을 제대로 지키지 않았습니다. 미국은 약속했던 중유를 제대로 주지 않았고, 북한은 비밀리에 핵 개발을 다시 시작했습니다.

1994년 10월, 제네바 기본 합의서에 서명하는 미국과 북한 대표들의 모습.

북한의 경제 발전을 도와줘요

남한과 북한의 경제적 격차는 시간이 갈수록 크게 벌어지고 있어요.
통일을 이루기 위해서는 이러한 경제적 격차를 줄여야 해요.

보릿고개를 걱정하는 북한

보릿고개란 지난해 가을 수확한 쌀이 바닥나고 보리는 아직 여물지 않는 봄철을 말합니다. 우리나라도 '춘궁기'라고 하는 이런 시기를 힘겹게 넘어야 했던 때가 있었답니다. 지금은 모두 옛날이야기가 되어 버렸지만요.

북한은 아직도 이 보릿고개를 매년 겪고 있어요. 보릿고개가 다가오면 주민들은 굶주림에 시달리다 못해 얼굴이 누렇게 뜨고 배가 퉁퉁 부어 죽는 사람까지 생겨난다고 해요. 특히 어린이들이 가장 큰 고통을 받고 있어요. 제대로 먹지 못한 북한 아이들은 만성적인 영양실조에 걸리거나 질병에 대한 면역력도 매우 약해진다고 해요.

북한 경제난의 원인은 무엇일까요?

북한 경제난은 무엇보다 지나치게 커진 군수 산업(국가 방위에 쓰는 군수품을 생산하는 모든 산업)이 고른 경제 발전을 가로막고 있는 데 그 원인이 있어요. 북한은 국가 경제에서 군수 산업의 비중이 무려 30% 이상을 차지합니다. 그로 인해 경제력에 비해 막강한 군사력을 보유하게 되었지만, 주민들의 생활은 매우 어려워졌어요.

또 북한에 대한 국제적인 경제 제재 조치도 원인 중에 하나예요. 북한은 핵무기와 같은 대량 살상 무기를 개발한다는 이유 때문에 외국과의 정상적인 교역이 대부분 막혀 있어요. 그래서 상품을 수출해서 외화를 벌어들일 수도, 석유와 같은 에너지 자원을 수입할 수도 없게 된 거예요.

마지막으로 해마다 반복되는 자연재해도 문제예요. 북한은 1990년대 중반부터 거듭되는 가뭄과 홍수 등으로 막대한 농작물 피해를 입고 있어요. 게다가 에너지 자원이 부족해서 산에 있는 나무를 베어 땔감으로 쓰다 보니 여름철 집중 호우에 또다시 홍수 피해를 입게 되는 악순환이 되풀이된다고 해요.

고난의 행군

1990년대 후반, 북한은 이른바 '고난의 행군'이라는 시기를 겪었습니다. 고난의 행군이란 원래 과거 만주에서 혹한과 굶주림을 견디며 항일 운동을 하던 시절에 생긴 말입니다. 당시의 어려웠던 상황을 돌이켜 생각하며 식량난을 극복하자는 뜻으로 붙인 일종의 선전 구호인 것이죠. 이 시기 동안 굶주림으로 사망한 사람만 수십만 명이 넘을 정도로 북한 주민들이 겪은 고통은 매우 컸습니다. 북한에서는 2000년에 고난의 행군이 종료되었다고 선언했지만, 북한의 경제난이 근본적으로 해결되지 않는 이상 고난의 행군은 여전히 '현재 진행형'입니다.

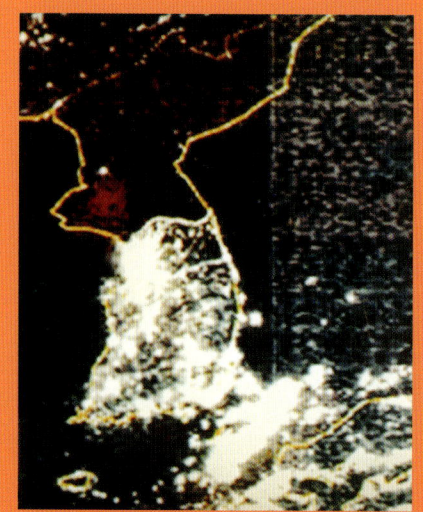

인공위성에서 찍은 한반도 사진입니다. 남한은 불빛으로 환한 반면, 북한은 평양을 제외하곤 칠흑같이 어두워 대조를 이루고 있습니다.

인도적인 지원은 조건 없이 해야 해요

인도주의란 정치나 이념, 종교를 떠나서 위험에 처해 있는 사람이라면 누구든지 도움을 줘야 한다는 신념을 말합니다. 이러한 인도주의 정신에 따라 오늘날 국제 사회는 여러 재난 지역에서 구호와 복구를 위해 힘을 모으고 있어요.

우리나라는 2000년대 이후, 북한에 대해 쌀과 비료 등 인도적인 지원을 꾸준히 해 왔습니다. 하지만 대북 지원에 대한 일부 비판 여론 때문에 지원이 중단될 때가 종종 있어요. 우리의 인도적인 지원에도 불구하고 북한은 변함없이 핵을 개발하고 미사일을 쏘아 올린다는 비판이지요. 북한이 변하려고 하지 않는 데도 계속해서 지원하는 것은 오히려 북한의 잘못된 정책을 지지해 주는 꼴이 된다는 거예요.

그렇다고 해서 식량 지원을 끊는 것은 인도주의 정신에 맞지 않아요. 정치적으로 해결해야 할 문제가 있다면 따로 대화와 협상을 통해 풀어야 해요. 그것을 식량 지원과 연결시키는 것은 사람의 목숨을 담보로 상대방을 굴복시키겠다는 의도로 밖에 받아들여지지 않을 거예요.

북한은 매년 수십만 톤의 식량이 부족하다고 합니다. 북한 혼자서는 마련하기 힘든 엄청난 양이에요. 북한은 이 부족분을 국제 사회로부터 들여오는 쌀과 옥수수에 대부분 의존하고 있다고 해요. 마침 우리나라는 매년 쌀 30만 톤 이상이 남아돌아 창고에 그대로 쌓아 두고 있어요. 그 많은 쌀을 보관하는 데 들어가는 비용도 만만치가 않다고 해요. 전문가들은 정부가 이 남는 쌀을 사들여서 북한에 제공한다면 어려워지는 남한의 농가에도 도움이 되고, 북한의 식량난 해소에도 기여할 수 있다고 말해요.

꽃제비

꽃제비는 '부랑아'라는 뜻의 러시아어 '코체비예'에서 유래한 말로, 먹을 것을 구하기 위해 떠돌아다니는 북한 어린이를 일컫는 말입니다. 고난의 행군 시절, 부모를 잃거나 버려진 아이들이 주로 꽃제비가 되었다고 해요. 꽃제비들은 주로 장이 서는 곳 근처를 배회하며 구걸을 해서 근근이 끼니를 이어 가고 있어요. 개중에는 두만강을 건너 중국에서 꽃제비 생활을 하는 어린이들도 있다고 합니다.

남한과 북한이 함께 잘사는 '한반도 경제 공동체'

'물고기를 잡아 주기보다는 물고기 잡는 법을 가르쳐라'라는 말이 있어요. 북한에 대한 인도적인 지원이 '물고기를 잡아 주는 것'이라면, 북한 경제가 스스로 발전할 수 있도록 돕는 것은 '물고기 잡는 법을 가르치는 것'에 해당할 거예요. 그것이 바로 '남북 경제 협력'이에요.

그동안 남한과 북한은 주로 금강산이나 개성 공단과 같이 휴전선 근처의 제한된 곳에서 경제 협력 사업을 벌여 왔어요. 그 이유는 북한이 자본주의 시장 경제가 북한 내부로 들어오는 것을 꺼려 하기 때문이에요. 그리고 경제 협력이 잘 되려면 사람이나 물자가 자유로이 이동할 수 있어야 하는데, 이것은 북한에서 가장 민감해 하는 부분이에요. 따라서 이렇게 북한이 걱정하는 부분을 이해하고 존중해 줄 필요가 있어요.

그와 동시에 남북 경제 협력이 북한 경제를 발전시켜 남북한이 같이 잘사는 길로 나아갈 수 있다는 점을 설득해야 해요. 경제 협력 사업의 큰 장점 중 하나가 자주 만나서 대화할 수 있는 기회가 많아진다는 점이에요. 남한과 북한이 인내를 가지고 꾸준히 만나다 보면, 한반도가 하나의 경제 공동체로 발전할 수 있는 날이 올 거예요.

더불어 살아가는 연습이 필요해요

진정한 통일은 사람의 통일입니다. 통일의 진짜 목적은 남북한 사람들이 서로 어울려 행복한 삶을 누리기 위한 것이니까요. 정치나 경제와 같은 제도의 통합도 중요하지만 남북한 사람들끼리 평화롭게 살아갈 수 있는 문화를 만들어야 해요.

북한을 있는 그대로 봐요

문화란 사람들이 사회를 이루고 살아가는 방식을 말해요. 그런데 문화는 지역마다 시대마다 다른 양식으로 발달하는 특징이 있어요. 같은 나라 안에서도 다양한 음식 문화, 의복 문화가 있는 것을 볼 수 있지요. 따라서 반세기 이상을 떨어져 살던 남한과 북한의 문화가 많이 다르다는 사실은 전혀 이상한 일이 아니에요. 문제는 '다름을 얼마나 잘 수용할 수 있느냐'예요. 북한의 문화가 우리에게 낯설게 느껴질 수 있지만 다름을 인정하고 있는 그대로 바라볼 수 있어야 해요. 그리고 나의 입장에서 상대의 문화를 바라보기 보다는 상대방의 입장에서 이해할 수 있어야 해요.

북한의 집단주의 문화

북한 문화를 이해하기 위해서는 '집단주의'를 꼭 알아야 해요. 북한은 개인보다는 집단의 이익을 더 중요하게 생각하는 사회예요. 북한의 집단주의 정신은 사회주의 헌법 제63조의 '하나는 전체를 위하여, 전체는 하나를 위하여'라는 구호에 잘 나타나 있지요. 개인의 자율성을 중시하는 우리의 입장에서 본다면 선뜻 이해하기 어려운 것이 사실이지요. 그러나 어릴 때부터 집단주의 문화 속에서 살아온 북한 사람들 역시 남한의 개인주의적인 문화에 적응하기가 어렵다고 해요. 남한과 북한은 옳고 그름을 따지기에 앞서 다름을 인정하고 서로를 있는 그대로 받아들이는 연습이 필요해요.

북한 문화의 특성인 집단주의를 엿볼 수 있는 아리랑 공연. 총인원 10만 명이 참여하는 대규모 공연으로 화려한 집단 체조(매스 게임)와 카드 섹션이 펼쳐져요. 공연단은 일부 전문 예술인을 제외하고는 평범한 학생과 시민들로 구성된다고 해요.

교육 문화

북한은 스스로 '교육의 나라'라고 자부할 정도로 교육에 많은 투자를 하고 있어요. 북한에서는 대학교를 제외하고 유치원 1년과 소학교 5년, 중학교 6년을 포함하는 12년 무상 의무 교육제를 실시하고 있다고 해요. 남한과 비슷한 점이 있다면 대학에 들어가려면 치열한 입시 경쟁을 뚫어야 한다는 거예요. 물론 특별한 경우지만 과외도 이루어지고 있다고 합니다.

남북한의 다른 말들

남한과 북한의 언어가 많이 달라졌다고 걱정하는 사람들이 많아요. 하지만 대화가 불가능할 정도는 아니에요. 사용하는 어휘가 많이 달라지긴 했지만 만남이 잦아지다 보면 금세 익숙해질 거예요. 북한의 표준어는 '평양 말을 중심으로 정해진 문화어'라고 해요. 북한에서 쓰는 말들을 한번 살펴보세요.

겨레말큰사전

남한과 북한의 어휘와 어법의 80%는 똑같다고 해요. 남북한의 언어 차이가 그다지 크지 않다는 것이죠. 하지만 이대로 방치했다가는 점점 더 소통하기가 어려워질 거예요. 그래서 남한과 북한의 국어학자들은 우리 민족이 함께 사용할 수 있는 '겨레말큰사전'을 편찬하기로 했어요. 이 사전에는 남한과 북한이 공통으로 쓰는 말을 먼저 올리고, 뜻이 달라진 말들은 단일화해서 올린다고 해요. 더불어서 해외 동포들이 쓰는 말들도 포함시킨다고 하니 우리말이 더욱 풍성해지는 계기가 될 수 있을 거예요.

◉ 한자어를 우리말로 바꾼 예

표준어(남)	문화어(북)
가발	덧머리
구성	엮음새
돌풍	갑작바람
마애불	벼랑부처
미소	볼웃음
배영	누운헤염
분유	애기젖가루
우유	소젖
일광욕	해빛쪼이기
주차장	차마당

◉ 외래어를 우리말로 바꾼 예

표준어(남)	문화어(북)
골키퍼	문지기
노크	손기척
다이어트	몸까기(살까기)
도넛	가락지빵
버튼	자동단추
원피스	외동옷

◉ 서로 다른 표현

표준어(남)	문화어(북)
괜찮다	일없다
도시락	곽밥
뭉게구름	더미구름
보름달	옹근달
씩씩하다	우람차다
화장실	위생실

북한에서도 영어는 필수 과목이에요. 과거에는 러시아어나 중국어를 많이 배웠지만 지금은 영어가 제1외국어라고 해요.

자주 만나고 교류해요

남한과 북한의 문화적인 이질감을 극복할 수 있는 가장 좋은 방법은 자주 만나고 교류하는 것입니다. 2000년, 1차 남북 정상 회담 이후에 남한과 북한 사이에서는 다양한 분야의 사회 문화 교류가 진행되었어요.

물론 만남의 횟수가 잦아지면서 사소한 오해와 갈등이 생기기도 해요. 하지만 그러한 과정 하나하나가 통일을 위한 예행연습이 되어 줄 거예요. 통일은 무조건 하나가 되는 것이 아니랍니다. 특히 남북한의 문화적인 차이를 무시하고 한민족이니까 똑같아져야 한다는 생각도 좋지 않아요. 중요한 것은 서로 다르지만 함께 어울릴 수 있는 사회를 만들어 나가는 것입니다. 남북한의 독특하고 다양한 문화가 공존하고 조화를 이룬다면, 분명 더 풍요로워질 수 있을 거예요.

1991년, 세계를 놀라게 한 남북한 단일팀

1991년 4월 29일, 일본 지바 현의 니혼 컨벤션 센터. 시상대 위로 하늘색 한반도가 그려진 한반도기가 올라갔어요. '세계 탁구 선수권 대회'에서 남북한 최초의 단일팀이 우승한 거예요. 그것도 세계 최강의 중국을 꺾고 말이죠. 우승이 확정되자, 두 달이 넘는 합숙 훈련으로 함께 고생한 '코리아 팀' 선수들은 얼싸안고 기뻐했어요. 하지만 대회가 끝나고 남북 선수들은 언제 만날지도 모를 눈물의 이별을 해야 했답니다.

2000년, 시드니 올림픽 남북한 동시 입장

2000년 9월 15일, 오스트레일리아 시드니의 올림픽 개막식. 남북한 선수들이 손을 잡고 입장했습니다. 손에는 태극기와 인공기 대신 한반도기가 들려 있었고, 장내에는 〈아리랑〉이 울려 퍼졌지요. 주경기장에 앉아 있던 11만 명의 관중들은 모두 자리에서 일어나 박수를 쳤어요. 이날 선수단은 전 세계가 보는 앞에서 남북한이 한민족임을 보여 주었습니다.

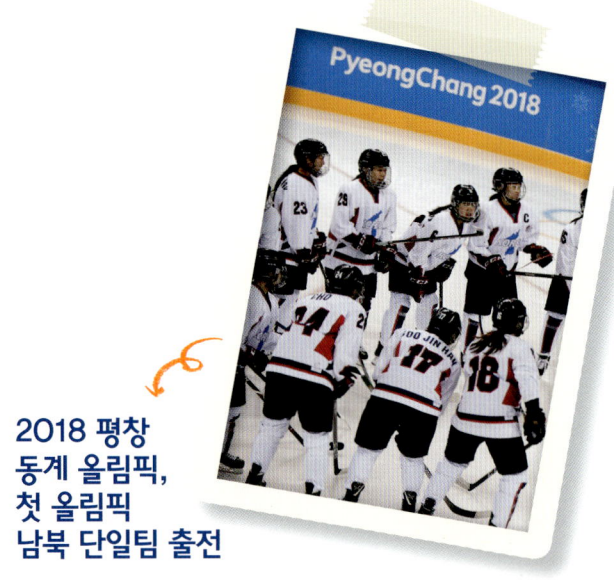

2018 평창 동계 올림픽, 첫 올림픽 남북 단일팀 출전

2018 평창 올림픽에서는 올림픽 사상 최초로 남북 단일팀이 경기에 출전하기도 했습니다. 바로 여자 아이스하키팀입니다. 국제올림픽위원회(IOC)는 올림픽의 정신이 곧 평화임을 강조하면서 남북이 단일팀을 구성할 수 있도록 적극적으로 지지해 주었어요. 원래 규정으로는 23명으로 꾸려지는 아이스하키팀이지만 남북 단일팀에게는 35명이 함께 팀을 이룰 수 있도록 허락해 주었지요.

차별과 편견을 없애요

남한에 들어온 북한 출신 사람들이 점점 많아지고 있습니다. '북한 이탈 주민' 또는 탈북민이라고 불리는 이들은 북한을 탈출해서 남한에 온 사람들이에요. 하지만 이들이 남한 사회에 적응하기가 쉽지 않다고 해요. 복잡한 지하철과 버스를 타는 것도, 매달 은행에 공과금을 내는 것도, 대형 마트에서 물건을 사는 것도 이들에겐 낯설기 때문이에요.

하지만 탈북민들이 제일 힘들어 하는 것은 사람들의 차별과 편견이랍니다. 그래서 북한 출신이라는 것을 숨기며 살아가는 사람도 많다고 해요. 사실 이것은 탈북민만의 문제는 아니에요. 이주 노동자들과 국제결혼 이주 여성들도 탈북민들과 비슷한 고통을 겪고 있어요. 이들이 우리 사회의 일원으로 당당하게 살아갈 수 있도록 편견을 없애는 것이 중요해요. 그러다 보면 평화와 함께 통일도 자연스럽게 찾아올 거예요.

중국 선양의 일본 영사관으로 뛰어드는 탈북민을 중국 공안(경찰)이 막고 있어요. 탈북민들은 주로 중국이나 몽골, 동남아시아 국가들을 거쳐서 우리나라로 들어오게 됩니다.

소수자와 인권

장애인, 성 소수자, 이주 노동자 등을 '소수자'라고 해요. 숫자가 적어서 소수자가 아니라 사회적으로 힘이 약하기 때문에 소수자라고 하지요. 소수자들의 권리가 제대로 보장되느냐에 따라 그 사회가 얼마나 건강한지를 판단할 수 있어요. 모든 사람은 똑같은 권리를 가지고 태어났고, 누구나 소수자가 될 수 있기 때문이에요.

대부분의 북한 출신 청소년들은 다른 나라에서 수년간 떠돌이 생활을 하다 우리나라로 들어오게 됩니다. 당연히 그 기간 동안 공부를 하지 못한 경우가 많아요. 남한에 와서 학교를 다닐 수 있게 되었지만 학교 생활에 적응하지 못해 학업을 중단하는 탈북 청소년도 많다고 합니다. 이렇게 학교는 그만두었지만 공부를 계속하고 싶은 탈북 청소년들을 위해서 만들어진 대안 학교가 여러 곳 있습니다. 사진은 대안 학교 중 하나인 '셋넷학교' 학생들의 모습입니다.

귀순 용사에서 탈북민까지

북한을 벗어나서 대한민국에 온 사람들을 부르는 말에는 여러 가지가 있습니다. 예전에는 '적이었던 사람이 다시 돌아서서 순종하다'는 뜻이 담긴 귀순 용사라는 용어를 쓰기도 했고, 한때는 '새로운 터전에서 삶을 시작하는 사람'이란 의미로 새터민이라 부르기도 했어요. 최근에는 '북한 이탈 주민' 혹은 '탈북민'이라는 단어를 많이 쓰고 있습니다. 하지만 어떻게 부를지보다 중요한 것은 이들을 편견 없이 대하는 마음일 거예요.

제6장

통일된 우리나라를 상상해요

통일이 되면 어떤 일이 생길지 상상해 봐요!

비무장 지대를 생태 공원으로!

통일이 되면 휴전선의 철조망은 사라질 거예요. 하지만 전부 다 없애기보다는 조금은 남겨 두는 것이 좋겠어요. 우리의 후손들이 분단의 역사를 기억하고 되새길 수 있도록 말이에요. 물론 전 세계 사람들도 찾아와서 평화를 염원할 수 있는 공간으로 만들면 더욱 좋겠지요. 부끄러운 역사라도 감추지 말고 끊임없이 기억하는 것이 잘못을 반복하지 않는 길이에요.

비무장 지대는 어떻게 될까요? 이곳을 개발해서 세계적인 관광 지역으로 만들자는 의견도 많지만, 자연 그대로 보존한다면 오히려 더 훌륭한 관광 자원이 될 거예요. 사람들의 발길이 닿지 않은 비무장 지대에는 세계적으로도 희귀한 야생 동식물이 살고 있어요. 지구상에 이토록 잘 보존된 자연환경이 또 있을까요?

산양

금강초롱꽃

비로용담

비무장 지대에는 3000종에 가까운 야생 동물과 식물이 살고 있는 것으로 알려져 있어요. 더구나 이 중 상당수는 산양, 두루미, 열목어 등 보존 가치가 있는 희귀종이거나 다른 지역에서 흔히 볼 수 없는 생물들이랍니다.

여행 갈 곳이 많아져요

통일이 되면 백두산으로 수학여행을 떠날 수도 있을 거예요. 북한에는 백두산 말고도 묘향산, 구월산, 칠보산, 천마산 등 유명한 산이 아주 많답니다. 더구나 북한의 자연은 비교적 잘 보존되어 있다고 해요. 말로만 듣던 평양의 고구려 유적을 찾아가 보는 건 어떨까요?

평양에 가면 평양냉면을 꼭 먹어 봐야겠지요. 고려의 수도였던 개성에 가 볼 수도 있겠군요. 고려의 충신, 정몽주가 피 흘리며 죽어 간 선죽교와 북한의 천연기념물 제388호인 박연 폭포는 개성 관광에서 빠질 수 없겠지요.

천마산에 있는 박연 폭포

백두산 꼭대기에 있는 천지

월드컵에서 우승을!

1991년, '세계 청소년 축구 선수권 대회'에서 남북한 청소년 축구 단일팀이 세계 최강인 아르헨티나를 꺾고 8강에 올랐을 때, 당시 남한 선수들은 수비에 강하고 북한 선수들은 공격을 잘한다는 평가를 받았어요. 서로의 약점을 보완해서 좋은 성적을 거둔 것이지요. 통일이 되면 우리나라가 월드컵에서 1등을 할지도 몰라요.

1991년에 열린 세계 청소년 축구 선수권 대회를 앞두고 평가전에 나간 남북한 청소년 축구 단일팀의 모습이에요.

기차를 타고 유럽으로!

남북한의 철도가 연결되면 기차만 타고도 유럽 여행을 즐길 수 있게 될 거에요. 중국과 러시아의 광활한 대륙을 지나 프랑스와 영국까지도 모두 철도로 연결되니까요. 유라시아 대륙으로 연결된 열차를 타기 위해서 많은 일본 관광객들이 우리나라로 찾아올지 몰라요. 실제로 일본은 남한과 북한의 철도 연결을 염두에 두고 우리나라와 일본을 연결하는 해저 터널 건설 계획을 가지고 있다고 해요. 마치 영국과 프랑스 사이에 뚫린 유로 터널처럼 말이죠.

함께 생각해 봐요!

통일이 되면 바꿔어야 할 것이 한두 가지가 아니에요. 나라 이름부터 국기, 나라꽃, 애국가, 수도, 심지어 지폐에 들어갈 인물까지도 새로 정해야 할 거예요. 아직 통일이 되지는 않았지만, 우리 모두 한번 통일 국가의 이름과 국기를 생각해 보는 것은 어떨까요?

게임으로 배우는 통일

친구들과 함께 게임을 하면서 통일에 대해 생각해 보는 시간을 가져 보세요.

※ 이 프로그램들은 흥사단 민족통일운동본부에서 개발한 청소년 통일 교육 안내서인 《통일아 우리 친구하자》에서 인용한 것입니다.

통일 퍼즐

- 준비물 : 색종이, 필기도구(사인펜, 매직펜, 크레파스 등)
- 소요 시간 : 20분 정도
- 진행 과정

  1) 모둠을 구성합니다. 모둠별 4~6명 정도가 적당해요.
  2) 모둠원끼리 '통일'을 주제로 문장 하나를 만듭니다. 15~20자 정도로 만들어 보아요.
  3) 나누어 준 색종이에 모둠별로 만든 문장을 써 내려갑니다. 색종이 한 장당 한 글자씩을 써요.
  4) 색종이를 무작위로 섞은 후 다른 모둠과 바꿉니다.
  5) 모둠원들은 다른 모둠의 색종이 묶음을 받아서 원래의 문장이 되도록 늘어놓습니다.
  6) 글자를 맞춘 순서대로 크게 외쳐 보고, 원래의 문장이 맞는지 확인합니다.

포토 스탠드

- 준비물 : 다양한 그림과 사진 50장
- 소요 시간 : 20분 정도
- 진행 과정

  1) 준비한 그림과 사진을 바닥에 무작위로 펼쳐 놓습니다.
  2) 참가자들은 아무 사진이나 고른 후 사진을 보고 떠오르는 생각을 통일에 관한 이야기로 구성합니다.
  3) 혹은 '통일을 위해서 꼭 필요한 것 세 가지'와 같은 특정 주제를 주고 그에 알맞은 사진을 고르도록 합니다.
  4) 각자 이야기 만들 시간을 3분 정도 주고, 돌아가며 한 사람씩 사진을 들고 이야기를 발표합니다.

통일로 가는 기차

- 준비물 : 전지, 필기도구(사인펜, 매직펜, 크레파스 등)
- 소요 시간 : 50분
- 진행 과정
  1) 모둠을 나눈 후 각 모둠에게 준비물을 나누어 줍니다.
  2) 모둠 별로 '우리가 바라는 통일의 모습'과 '통일의 장애물'이 무엇인지 이야기하도록 합니다.
  3) 나누어 준 전지에 커다란 통일 기차를 그립니다.
  4) 기차가 향하는 목적지에는 '우리가 바라는 통일'을, 기차의 주변에는 '통일의 장애물'을 그려 넣습니다.
  5) 기차의 칸에는 모둠원의 이름을 적어 넣고, 기차를 예쁘게 꾸밉니다.
  6) 작업이 모두 끝나면, 모둠별로 통일 기차에 대해 발표합니다.

신호등 토론

- 준비물 : 질문지, 신호등 카드(한 사람당 빨강, 노랑, 파랑 색깔별로 한 장씩)
- 소요 시간 : 20분
- 진행 과정
  1) 참가자들에게 신호등 카드를 나누어 줍니다.
  2) 빨간색 카드는 반대, 파란색 카드는 찬성, 노란색 카드는 중립을 의미합니다.
  3) 진행자는 통일 문제와 관련해서 논쟁이 될 만한 주제의 질문을 합니다.
  4) 참가자들은 질문을 듣고 자신의 생각에 따라 신호등 카드로 찬성, 반대, 중립을 표시합니다.
  5) 진행자는 왜 찬성 혹은 반대하는지 다양한 참가자의 의견을 들어 봅니다.

〈질문의 예〉
- 통일은 가능하면 빨리 이루어질수록 좋다.
- 통일이 되면 한국은 세계 일류 국가가 될 것이다.
- 통일이 되면 북한의 대학교에 진학해 보고 싶다.
- 나는 통일이 되면 북한 출신 사람을 배우자로 맞이할 수 있다.
- 통일이 되어도 수도는 서울로 해야 한다.
- 나는 통일이 되면 북한의 경제 발전을 위해 기꺼이 통일 세금을 낼 것이다.

통일 신문 만들기

- 준비물 : 소포 전지, 신문지, 필기도구, 가위, 풀
- 소요 시간 : 90~120분
- 진행 과정
    1) 모둠원들은 각자 편집장, 취재 기자, 편집 기자 등으로 역할을 분담합니다.
    2) 모둠별로 신문 이름, 발행 일시(통일 시대를 가정해서), 신문 내용과 형식 등을 생각해 보도록 합니다.
    3) 나눠 준 일반 신문들을 살펴 가며 통일 신문 기사로 쓸 만한 사진과 제목들을 가위로 오리도록 합니다. 이때 기사 내용까지 오려선 안 되며, 기사는 기자들이 직접 쓰도록 합니다.
    4) 완성된 통일 신문은 모둠의 대표가 나와서 발표합니다.
    5) 나머지 참가자들은 신문을 본 느낌을 이야기합니다.

문장 완성하기

- 준비물 : 시트지
- 소요시간 : 20분
- 진행 과정
    1) 참가자들은 주어진 시트지를 보고 통일에 대한 자신의 생각을 적습니다.
    2) 모두 적었다면 자신이 쓴 글을 발표합니다.

'문장 완성하기' 시트지

1. 나에게 통일은 ～～～～～～
2. 어린이들은 통일을 ～～～～～
3. 우리나라 사람들은 통일을 ～～～～
4. 만약 통일이 된다면 ～～～～～
5. 통일을 위해서는 ～～～～～～
6. 북한 친구를 만나면 ～～～～～

찾아 보기

ㄱ
간첩 31
개성 71
개성 공단 40, 63
겨레말큰사전 65
경의선 열차 41
경제 평화 연구소 18
고난의 행군 62
고려 민주 연방 공화국 창립 방안 55
공동 경비 구역 31
공산주의 23
구월산 71
국가 안보 19
국방비 15
국제 연합 25
국제 연합 한국 임시 위원단 25
국제평화연구소 15
군비 축소 57
군사 분계선 28, 41
군수 산업 62
권위주의 13
금강산 39, 63
금강초롱꽃 70
기본 조약 50
김구 26, 42
김대중 37, 43, 50
김영삼 54
김일성 29, 30, 36, 42, 43
김정일 37
꽃제비 63

ㄴ
남베트남 52
남북 고위급 회담 36
남북 관계 개선을 위한 기본 합의서 36
남북 정상 회담 55
남북한 단일팀 66
남북한 청소년 축구 단일팀 72
남예멘 53
납북자 12
내수 16
냉전 체제 19, 56
노근리 사건 29
노무현 29
노벨 평화상 43
노태우 54

ㄷ
대량 살상 무기 32
대한민국 정부 25
데탕트 36
독일 50, 51
동독 50, 51
동방 정책 50, 51
동아시아 19

ㄹ
레드 콤플렉스 30

ㅁ
맥아더 장군 27
모병제 14
모스크바 삼상 회의 24, 25

묘향산 71
무장 해제 23
문익환 42, 43
민족 공동체 통일 방안 54
민족 화합 민주 통일 방안 54

ㅂ

박성철 36
박연 폭포 71
박정희 36
반공주의 30
반도 17
반탁 운동 24
백두산 71
베를린 장벽 50
베트남 52
베트남 민주공화국 52
보도 연맹 사건 29
보릿고개 62
북방 한계선 28, 33
북베트남 52
북예멘 53
북파 공작원 31
분단 비용 13, 17
비로용단 70
비무장 지대 28, 41, 70
비핵화 공동 선언 61
빌리 브란트 51

ㅅ

사회주의 50
산양 70
38선 12, 23, 28
새터민 67
서독 50, 51

서해 교전 33
선죽교 71
섬나라 17
세계 청소년 축구 선수권 대회 72
세계 평화 지수 18
소수자 67
시드니 올림픽 66
신탁 통치 23, 24
실미도 31

ㅇ

아라비아 반도 53
아리랑 공연 64
연방 국가 55
연방제 55
예멘 53
요충지 23
요한 갈퉁 19
우익 24
유럽 연합 54
유로 터널 73
유신 체제 30
유일 체제 30
6·15 남북 공동 선언 37
6·25 전쟁 12, 26, 27, 29, 31
684 부대 31
이산가족 12, 14
이승만 25, 30, 42
인간 안보 19
인권 67
인도주의 14, 63
인천 상륙 작전 27
인해전술 27
일본 영사관 67
일본 제국주의 12, 22

1·21 사태 31
1국가 2체제 55
1민족 1국가 54

ㅈ

자본주의 23
자연재해 62
장준하 42
전두환 54
정몽주 71
정전 협정 28
정주영 38
제2차 세계대전 51
제헌국회 25
조국 통일 3대 원칙 36
조봉암 30
조선 민주주의 인민 공화국 25
좌익 24
중국군 27
지하자원 16
진정한 평화 18
집단주의 13, 64
징병제 14

ㅊ

찬탁 운동 24
천마산 71
천지 71
칠보산 71
7·4 남북 공동 성명 36
7·7 선언 54

ㅌ

탈냉전 시대 56
탈북민 67

통일 방안 54, 55
통일 비용 17
통킹 만 사건 52

ㅍ

파블로 피카소 29
평화 협정 28, 60

ㅎ

한강 철교 27
한국에서의 학살 29
한반도 경제 공동체 63
핵 확산 금지 조약 32
핵무기 61
핵실험 60
핵우산 61
핵폭탄 32
햇볕 정책 43, 50
호찌민 52
화약고 33
휴전 12
휴전 협정 28
휴전선 27, 28, 57, 70
흑백 논리 13

참고 자료

강만길, 《20세기 우리 역사》, 창비, 1999
강만길, 《강만길 선생과 함께 생각하는 통일》, 지영사, 2000
강만길, 《우리 통일, 어떻게 할까요》, 당대, 2003
국방부, 《2008 국방백서》, 국방부, 2008
김근식 외, 《통일·남북관계사전》, 통일교육원, 2004
김성보·기광서·이신철, 《사진과 그림으로 보는 북한 현대사》, 웅진지식하우스, 2004
김용민 외, 《갈등을 넘어 통일로》, 통일교육원, 2004
김창수, 《멋진 통일 운동 신나는 평화 운동》, 책세상, 2000
또하나의문화통일소모임, 《통일된 땅에서 더불어 사는 연습》, 또하나의문화, 1996
또하나의문화통일소모임, 《통일을 준비하는 사람들》, 또하나의문화, 1999
민성길, 《통일이 되면 우리는 함께 어울려 잘 살 수 있을까》, 연세대학교출판부, 2004
박현희·임영태·정진화, 《거꾸로 읽는 통일 이야기》, 푸른나무, 2005
백낙청, 《한반도식 통일, 현재진행형》, 창비, 2006
서중석, 《사진과 그림으로 보는 한국 현대사》, 웅진지식하우스, 2005
손기웅, 《독일 통일 20년 : 현황과 교훈》, 통일교육원, 2010
신석호·이명혜, 《통일이 되면 어떻게 달라질까?》, 한림출판사, 2007
이일하·신석호, 《토요일에는 통일을 이야기합시다》, 필맥, 2003
이찬행, 《통일 나라 역사 여행》, 아이세움, 2003
인권교육센터 들, 《인권교육 날다》, 사람생각, 2008
전국역사교사모임, 《살아있는 한국사 교과서 2》, 휴머니스트, 2002
조정기·천정순, 《남북의 청소년》, 시대정신, 2006
차우규·임춘희·김승철, 《시민정치교육 교재 시리즈 3 : 평화와 통일》, 한국YMCA전국연맹, 2004
통일교육원, 《2010 북한 이해》, 통일교육원, 2010
통일교육원, 《2010 통일문제 이해》, 통일교육원, 2010
평화재단, 《한반도 평화와 통일을 위한 제안》, 평화재단, 2007
평화재단, 《한반도 평화체제를 위한 미래구상》, 평화재단, 2007
흥사단 민족통일운동본부, 《통일아 우리 친구하자》, 2009

사진 자료 제공

대한적십자사 ⓒ 12쪽

강원도DMZ관광청 ⓒ 14쪽 바탕, 28쪽 아래, 70쪽

청년평화센터 푸름 ⓒ 19쪽

국가기록원 ⓒ 22쪽 왼쪽, 22쪽 아래 오른쪽, 24쪽, 25쪽, 26쪽 위, 27쪽 아래 왼쪽, 30쪽, 36쪽 아래, 37쪽, 50쪽, 51쪽

인천상륙작전기념관 ⓒ 23쪽, 26쪽 아래, 27쪽 아래 중간과 오른쪽, 28쪽 위

Driedprawns at en.wikipedia ⓒ 31쪽 오른쪽

연합뉴스 ⓒ 32쪽, 33쪽, 36쪽 위, 44쪽, 45쪽, 46쪽, 47쪽, 53쪽, 55쪽 위, 57쪽, 60쪽, 61쪽, 62쪽, 63쪽, 64쪽, 65쪽, 66쪽, 67쪽 위, 72쪽

현대 아산 ⓒ 38쪽, 39쪽, 40쪽, 41쪽 위, 71쪽 위

이정수 ⓒ 71쪽 아래

준이의 행복한 사진방(http://blog.daum.net/vietnam_lee) ⓒ 41쪽 아래

백범김구선생기념사업협회 ⓒ 42쪽 위

장준하기념사업회 ⓒ 42쪽 아래

문익환목사기념사업회 ⓒ 43쪽 아래

연세대학교 김대중도서관 ⓒ 43쪽 위

크리에이티브 커먼즈 ⓒ 51쪽 아래

셋넷학교 ⓒ 67쪽 아래

흥사단 민족통일운동본부 ⓒ 74쪽, 76쪽

- 여기에 실린 사진 자료는 여러 단체 및 개인의 도움을 받았습니다. 위의 목록은 해당 쪽에 삽입된 사진에 대한 단체 및 개인의 저작권을 표시해 놓은 것입니다. 사진을 제공해 주신 분들께 감사드립니다.
- 사진 저작권자를 모두 확인하여 사진을 실었으나, 만일 저작권에 대한 잘못된 정보가 있을 시에는 연락주시기 바랍니다. 저작권자가 다른 사진에 대해서는 저작권자가 확인되는 대로 동의 절차를 밟겠습니다. 사진 저작권에 대한 문의는 앞쪽에 기재된 문의 전화로 연락해 주시기 바랍니다.